Förfalskning och piratkopiering och den svenska ekonomin

SÄKERSTÄLLANDE AV ATT "MADE IN SWEDEN" ALLTID ÄR DET

This work is published under the responsibility of the Secretary-General of the OECD. The opinions expressed and arguments employed herein do not necessarily reflect the official views of OECD member countries.

This document, as well as any data and any map included herein, are without prejudice to the status of or sovereignty over any territory, to the delimitation of international frontiers and boundaries and to the name of any territory, city or area.

Please cite this publication as:
OECD (2019), *Förfalskning och piratkopiering och den svenska ekonomin: Säkerställande av att "Made in Sweden" alltid är det*, OECD Publishing, Paris, https://doi.org/10.1787/c924a185-sv.

ISBN 978-92-64-58923-0 (print)
ISBN 978-92-64-87786-3 (pdf)

Statistiken för Israel har tillhandahållits av relevanta israeliska myndigheter under deras ansvar. OECD:s användning av sådan statistik påverkar inte statusen för Golanhöjderna, östra Jerusalem eller israeliska bosättningar på Västbanken under internationell rätt.

Photo credits: Cover © Jeffrey Fisher

Rättelser till OECD:s publikationer finns online på: *www.oecd.org/about/publishing/corrigenda.htm*
© OECD 2019

You can copy, download or print OECD content for your own use, and you can include excerpts from OECD publications, databases and multimedia products in your own documents, presentations, blogs, websites and teaching materials, provided that suitable acknowledgement of OECD as source and copyright owner is given. All requests for public or commercial use and translation rights should be submitted to *rights@oecd.org*. Requests for permission to photocopy portions of this material for public or commercial use shall be addressed directly to the Copyright Clearance Center (CCC) at *info@copyright.com* or the Centre français d'exploitation du droit de copie (CFC) at *contact@cfcopies.com*.

Förord

Sverige är en avancerad kunskapsbaserad ekonomi som producerar högt värderade produkter och tjänster och som drar stor nytta av immateriella rättigheter. Den svenska ekonomin är exportorienterad, globaliserad, och deltar aktivt i globala värdekedjor. Medan dessa är funktioner i en modern och dynamisk ekonomi, gör de också Sverige sårbart för de globala riskerna med förfalskning och pirattillverkning.

Olaglig handel med varumärkesförfalskade varor är ett stort hot mot Sveriges industri, den svenska staten och det svenska samhället. För att förse beslutsfattare med solida empiriska belägg för att det krävs åtgärder mot denna risk, mäter den här OECD-rapporten de direkta ekonomiska effekterna av förfalskning för konsumenterna, detaljhandeln, tillverkningsindustrin och svenska staten. Rapporten uppskattar både effekterna av import av förfalskade produkter till Sverige och effekterna av den globala handeln med förfalskade produkter på innehavare av immateriella rättigheter i Sverige.

Resultaten är alarmerande. Den globala handeln med förfalskade och piratkopierade varor som inkräktar på svenska varumärken reducerade under 2016 de svenska legitima svenska rättighetsinnehavarnas försäljning med minst 2 miljarder USD eller 2 % av deras årliga försäljning och sänkte skatteintäkterna för den svenska staten med cirka 900 miljoner USD, motsvarande 0,2 % av Sveriges BNP. Större delen av förlusterna, till exempel mer än två tredjedelar av de arbetstillfällen som gick förlorade, och tre fjärdedelar av de skatteintäkter som uteblev, beror på handeln med förfalskade varor utanför Sverige som inkräktar på svenska immateriella rättigheter. Dessa resultat understryker behovet av samordnade åtgärder mot brottslighet riktad mot immaterialrätten i allmänhet och handeln med förfalskningar i synnerhet.

Vi är övertygade om att dessa fakta, med stöd av en transparent kvantitativ analys, kommer att fördjupa vår förståelse av de risker som varumärkesförfalskning innebär för världsekonomin. Med rapporten vill vi rikta de politiska beslutsfattarnas uppmärksamhet på behovet av effektiva lösningar för att motverka detta hot.

Peter Strömbäck
Generaldirektör
Patent- och registreringsverket (PRV) i Sverige

Marcos Bonturi
Director
OECD Public Governance Directorate

Författarnas tack

Rapporten har utarbetats av Piotr Stryszowski, Senior Economist, och Morgane Gaudiau, Economist, vid OECD:s Directorate for Public Governance, som leds av Marcos Bonturi. Florence Mouradian har bidragit med värdefull kunskap och bistånd vid den kvantitativa analysen.

Författarna vill tacka Peter Hedin från det svenska Patent- och registreringsverket (PRV) för ett utmärkt, förtroendefullt samarbete och värdefulla insikter.

Författarna är också tacksamma mot företrädare för svensk industri för värdefull assistans. Vi vill uttrycka vår speciella uppskattning till Paul Pintér och Christian Dalsgaard från Fjällräven samt till Johan Bravert från SKF.

Raquel Paramo, Eleonore Morena och Andrea Uhrhammer har bidragit med redaktionellt stöd och produktionsstöd.

Databasen över tullbeslag har tillhandahållits av världstullorganisationen (WCO) och kompletterats med regionala uppgifter som lämnats av Europeiska kommissionens generaldirektorat för skatter och tullar, US Customs and Border Protection Agency och US Immigration and Customs Enforcement. Författarna uttrycker sin tacksamhet för de data och det värdefulla stöd som lämnats av dessa institutioner.

Sammanfattning

Denna rapport presenterar resultaten av den svenska studien om handel med förfalskade och pirattillverkade varor. Den ser på problemet i två perspektiv. Först analyseras omfattningen och produktsammansättningen av förfalskade och piratkopierade produkter som smugglas in i Sverige och effekten på konsumenter, industrier och den svenska staten. För det andra studeras omfattningen och effekterna av den globala handeln med förfalskade varor som gör intrång i rättigheterna för svenska immaterialrättsinnehavare.

Denna dubbla analys bygger främst på en kvantitativ bedömning av den globala handeln med förfalskade produkter inom och utanför Sverige, med de skräddarsydda statistiska metoder som utvecklats av OECD, tillsammans med en stor databas över varor som innebär intrång i immateriella rättigheter.

Resultaten kan hjälpa både offentliga och privata beslutsfattare att bättre förstå arten och omfattningen av problemet för svensk ekonomi, och att utveckla lämpliga och evidensbaserade politiska åtgärder.

Viktiga resultat

- Det totala värdet av världshandeln med förfalskade varor som gör intrång i svenska immateriella rättigheter uppgick under 2016 till så mycket som 28,3 miljarder kronor (3,4 miljarder USD), vilket motsvarar 2 % av den totala försäljningen av svensktillverkade varor (inhemsk försäljning plus export).

- Produkter där svenska immateriella rättigheter är särskilt utsatta, både sett till det absoluta värdet av handeln och dess andel av den totala handeln i en viss produktkategori, omfattar bilreservdelar, maskiner (lager), kläder, leksaker och klockor.

- Förfalskade och pirattillverkade varor som gör intrång i svenska immateriella rättigheter kommer främst från Kina, Hongkong, Singapore och Turkiet.

- Resultaten tyder på att under 2016 köptes mer än hälften av de varor i som gör intrång i svenska immateriella rättigheter av konsumenter som visste att varorna var förfalskade.

- Importen av förfalskade och pirattillverkade varor till Sverige under 2016 stod för så mycket som 18,3 miljarder kronor (2,2 miljarder USD) – motsvarande 1,6 % av svenska importen.

- När det gäller omfattningen av förfalskade varor i Sverige var IT-produkter det mest förfalskade varuslaget, följt av klockor, kläder samt leksaker och spel.

- Analysen visar att mer än hälften av importerade varumärkesförfalskade och pirattillverkade varor som såldes i Sverige under 2016 köptes av konsumenter som trodde sig köpa äkta produkter, medan återstoden köpte produkterna avsiktligt. Andelen förfalskningar som köpts medvetet i Sverige varierar betydligt beroende på produkt, allt från 20 % för bilreservdelar till 55 % för parfymer och kosmetika.

Inverkan på Sverige

- Nackdelarna för konsumenterna – dvs. prispåslaget som med orätt betalats av konsumenterna i tron de köpt en äkta produkt – i Sverige uppgick till nästan 4,5 miljarder kronor (540 miljoner USD) under 2016.

- Den totala volymen av de svenska företagens uteblivna försäljning på grund av överträdelser av deras immateriella rättigheter i den globala handeln uppgick till 17,1 miljarder kronor (2 miljarder USD), eller 2,4 % av dessa svenska företags totala försäljning under 2016.

- Lägre försäljning minskar efterfrågan på jobb, antingen i detalj- och partihandelssektorn eller i svensk industri på grund av det globala intrånget i deras varumärken. Sammantaget försvann minst 7 100 arbetstillfällen i Sverige på grund av varumärkesförfalskning och pirattillverkning, vilket motsvarar 0,7 % av antalet anställda i Sverige, uttryckt i heltidsekvivalenter.

- Lägre omsättning på grund av försäljning av förfalskade varor i Sverige innebär lägre intäkter för den svenska staten i form av mervärdesskatt (moms), bolagsskatt, inkomstskatt och sociala avgifter. Sammantaget resulterade handeln med förfalskade och pirattillverkade varor i en minskning av de svenska offentliga intäkterna som motsvarade nästan 7,54 miljarder kronor (905 miljoner USD) eller 0,2 % av Sveriges BNP..

Innehållsförteckning

Förord 3
Författarnas tack 5
Sammanfattning 7
   Viktiga resultat 7
   Inverkan på Sverige 7
1. De ekonomiska ramar som avser förfalskning och pirattillverkning 13
   Förfalskning och pirattillverkning – den svenska kontexten 13
   Data och metodik 15
   Observer 21
2. Import av förfalskade varor till Sverige 23
   Marknader för förfalskade varor i Sverige 23
   Primära och sekundära marknader för förfalskade produkter som säljs i Sverige 29
   I vilken utsträckning betalar svenska konsumenter överpris för förfalskade produkter? 30
   Effekter av förfalskade varor på försäljning inom svensk detaljhandel- och partihandelssektor 31
   Effekten av marknaden för varuförfalskning på arbeten inom svensk detaljhandel och partihandel .. 32
   Effekterna av marknaden för varuförfalskning på svenska statsintäkter 32
   Referenser 33
3. Intrång i svenska immateriella rättigheter inom världshandeln 35
   Överträdelser av svenska immateriella rättigheters räckvidd och omfattning över hela världen 35
   Den sekundära marknaden 43
   Effekten av förfalskning på svenska immaterialrättsinnehavares försäljning 44
   Effekten av förfalskning på arbetstillfällen inom svensk tillverkningsindustri 45
   Effekten av intrång i svenska immateriella rättigheter på statens intäkter 45
   Referenser 46
4. Den samlade effekten av varumärkesförfalskning på Sverige 47
   Handel med förfalskade varor: den samlade effekten på Sverige 47
   Nästa steg 48
Bilaga A. Metodkommentarer 49
   Konstruktion av GTRIC för marknaden för varumärkesförfalskningar i Sverige ... 49
   Konstruktion av GTRIC för produkter som gör intrång i svenska immateriella rättigheter 54
   Referenser 60
Bilaga B. Tabeller och figurer 61

Tabeller

Tabell 1.1. Antagna konsumentutbytesgrader i huvudscenariot 17
Tabell 1.2. Elasticiteten i sysselsättning med avseende på försäljning inom den svenska parti- och detaljhandelssektorn 18
Tabell 1.3. Elasticitet i sysselsättning med avseende på försäljning inom svensk tillverkningsindustri 20
Tabell 2.1. De största produktkategorierna som var föremål för förfalskning såvitt avser svenska importer i relativa tal, 2016 29
Tabell 2.2. De största produktkategorierna som var föremål för varuförfalskning i svenska importer i absoluta tal, 2016 29
Tabell 2.3. Andel av sekundära marknader för förfalskade produkter i Sverige 30
Tabell 2.4. Uppskattning av konsumentskada i Sverige per sektor, 2016 31
Tabell 2.5. Utebliven försäljning för svensk detaljhandel- och partihandelssektor på grund av importer av förfalskade varor till Sverige, 2016. 32
Tabell 2.6. Förlorade arbetstillfällen inom svensk detaljhandel- och partihandelssektor på grund av importer av förfalskade varor till Sverige, 2016. 32
Tabell 2.7. Uteblivna skatter för den svenska staten på grund av importer av förfalskade varor till Sverige, 2016 33
Tabell 3.1. Uppskattat värde av global handel med förfalskade varor som gör intrång i svenska immateriella rättigheter, 2014–16 42
Tabell 3.2. Andel av sekundära marknader för förfalskade varor som gör intrång i svenska immateriella rättigheter 44
Tabell 3.3. Beräknad utebliven försäljning för svensk tillverkningsindustri, 2016 45
Tabell 3.4. Uppskattade förlorade arbetstillfällen inom svensk tillverkningsindustri, 2016 45
Tabell 3.5. Offentligt inkomstbortfall till följd av intrång i svenska immateriella rättigheter i världshandeln 2016 46
Tabell 4.1. Den totala direkta påverkan av handel med varumärkesförfalskade och piratkopierade varor i den svenska kontexten 2016 47

Tabell B.1. Sannolikheten för att ekonomier är en källa till varumärkesförfalskad och piratkopierad import till Sverige 61
Tabell B.2. Sannolikheten för att produktkategorier ska påverkas av varumärkesförfalskning och piratkopiering 61
Tabell B.3. Sannolikheten för att ekonomier importerar varumärkesförfalskade produkter som gör intrång i svenska immateriella rättigheter 62
Tabell B.4. Sannolikhet för att produktkategorier kommer att drabbas av intrång i svenska immateriella rättigheter 64
Tabell B.5. Industrier i enlighet med det harmoniserade systemets (HS) koder 65
Tabell B.6. Överensstämmelse mellan HS-kategorier och sektorer 67
Tabell B.7. Överensstämmelse mellan NACE C-kategorier och sektorer 68
Tabell B.8. Överensstämmelse mellan NACE G-kategorier och sektorer 70

Figurer

Figur 2.1. Största ursprungsekonomierna vad gäller importer av förfalskade varor till Sverige, 2014–16 23
Figur 2.2. De största ursprungsekonomierna för importer av förfalskade varor till Sverige, förändring mellan 2014–16 och 2011–13 24
Figur 2.3. Andel beslag av förfalskade varor i Sverige per produkttyp, 2014–16 25

Figur 2.4. Andel beslag av förfalskade varor i Sverige per produkttyp, förändring mellan 2014–16 och 2011–13 26
Figur 2.5. Transportsätt för förfalskade varor som importerades till Sverige, 2014–16 27
Figur 2.6. Försändelsestorlek för importer av förfalskade varor till Sverige, 2014–16 28
Figur 3.1. Största ursprungsekonomierna av förfalskade varor som gör intrång i svenska immateriella rättigheter, 2014–16 35
Figur 3.2. Största ursprungsekonomierna vad gäller förfalskade varor som gör intrång i svenska immateriella rättigheter mellan 2011–13 and 2014–16 36
Figur 3.3. De största produktkategorierna för förfalskade varor som gör intrång i svenska immateriella rättigheter, 2014–16 37
Figur 3.4. De största produktkategorierna av förfalskade varor som gör intrång i svenska immateriella rättigheter mellan 2011–13 and 2014–16 38
Figur 3.5. Förfalskade varor som gör intrång svenska immateriella rättigheter per transportsätt, 2014–16 40
Figur 3.6. Storleken på transport av varor som gör intrång i svenska immateriella rättigheter, 2014–16 och 2011–13 41
Figur 3.7. De största produktkategorierna som är föremål för intrång i svenska immateriella rättigheter inom världshandeln, 2016 43

Rutor

Ruta 1.1. Databas för förfalskade och pirattillverkade varor 13
Ruta 3.1. Fjällrävenprodukter är ett mål för förfalskare 39
Ruta 3.2. SKF kullager, en efterfrågedriven affärsmodell 44

Follow OECD Publications on:

 http://twitter.com/OECD_Pubs

 http://www.facebook.com/OECDPublications

 http://www.linkedin.com/groups/OECD-Publications-4645871

 http://www.youtube.com/oecdilibrary

 http://www.oecd.org/oecddirect/

Kapitel 1. De ekonomiska ramar som avser förfalskning och pirattillverkning

Olaglig handel med förfalskade varor[1] är ett långvarigt problem som blir alltmer utbrett och som ökar i omfattning. Verksamheten har negativa effekter på berörda företags försäljning och vinster och medför samtidigt negativa effekter för olika staters och konsumenters intäkter, ekonomi, hälsa, säkerhet och säkerhetseffekter. Organiserade brottsliga grupper anses spela en allt viktigare roll i dessa verksamheter, och gynnas i väsentlig mån av mycket lönsamma förfalsknings- och pirattillverkningsverksamheter.

I syfte att förbättra den faktiska bilden av handeln med förfalskade eller pirattillverkade varor, samt formulera evidensbaserade politiska budskap har OECD genomfört en fullständig ekonomisk bedömning av problemet och de huvudsakliga förvaltningsbrister som möjliggör det eller som verkar som drivkraft. För att utföra denna uppgift har organisationen byggt en fullständig databas för förfalskade och pirattillverkade varor, vilken kan tjäna som underlag för fallstudier (se ruta 1.1)

Ruta 1.1. Databas för förfalskade och pirattillverkade varor

Databasen för tullbeslag utgör den kritiska kvantitativa inputen för denna studie. Den skapades baserat på tre separata datauppsättningar som mottogs från världstullorganisationen WCO, från generaldirektoratet för skatter och tullar vid den Europeiska kommissionen, och US Customs and Border Protection. Databasen innefattar detaljerad information om beslag av varor som gör intrång i immateriella rättigheter som gjorts av tulltjänstemän i 99 ekonomiska områden runt om i världen mellan 2011 och 2016. Sammantaget innehåller databasen ungefär 900 000 observationer (i de flesta fall motsvarar 1 observation 1 tullbeslag).

Databasen omfattar en stor mängd information om varor som gör intrång i immateriella rättigheter som kan användas för kvantitativa och kvalitativa analyser. I de flesta fall rapporterar databasen, för varje enskilt beslag, datum för beslaget, de förfalskade varornas transportsätt, avgång- och destinationsekonomier, de beslagtagna varornas allmänna statistiska kategori såväl som en detaljerad beskrivning av dessa, namnet på den rättmätiga varumärkesinnehavaren, antal beslagtagna varor och deras ungefärliga värde.

Förfalskning och pirattillverkning – den svenska kontexten

Sverige är en välutvecklad, kunskapsbaserad ekonomi som producerar innovativa och immaterialrätts-intensiva varor. Detta stöds av befintliga indikatorer. 2016 uppgick Sveriges bruttonationalprodukt (BNP) per capita till 408 333 kronor (49 000 USD), över OECD:s genomsnitt (354 166 kronor eller 42 500 USD). Vad gäller immaterialrättsintensitet bidrog svenska immaterialrätts-intensiva branscher i genomsnitt till 39,1 % av den svenska bruttonationalprodukten (BNP) (42,3 % för den Europeiska unionen [EU]) och stod för 31,8 % av sysselsättningen i Sverige (27,8 % för EU) mellan

2011 och 2013 (Europeiska unionens immaterialrättsmyndighet/Europeiska patentverket (EUIPO/EPO, 2016). Avseende varumärken rankas Sverige som land nummer 8 i EU vad gäller sammanlagt antal registrerade varumärken. Mellan 2011 och 2013 bidrog svenska varumärkesintensiva branscher till 32,4 % av Sveriges BNP och 24,5 % av sysselsättningen i Sverige (EUIPO/EPO, 2016).

Svensk konkurrenskraft bygger på hög utbildningsnivå och omfattande investeringar i alla möjliga sorters intellektuella tillgångar vilket innefattar forskning och utveckling (se OECD, 2016). Under 2016 motsvarade Sveriges utgifter för forskning och utveckling 3,3 % av BNP, en nivå som ligger högre än genomsnittet för OECD (2,3 %) eller USA (2,7 %) och Japan (3,1 %).

Sverige är även en ytterst globaliserad ekonomi och kännetecknas av internationaliseringen av stora svenska företag och utmärkt integration i globala värdekedjor. Svensk export, vilket omfattar motorer och andra maskiner, motorfordon och telekommunikationsutrustning, stod för nästan 45 % av BNP under 2016. De svenska exportintensiteten ligger långt över OECD:s genomsnitt (28 %). De största exportinriktade tillverkningsindustrier i Sverige är särskilt immaterialrättsintensiva. Därutöver bidrar Sverige väsentligt till globala värdekedjor: under 2015 stod svenska exporter för mer än 0,6 % av den totala världsexporten vad gäller mervärde (se OECD-databasen Trade in Value Added)

Vi vill återigen upprepa att den svenska ekonomin är välutvecklad, innovativ och immaterialrättsintensiv. Den är även välintegrerad i den globala ekonomin genom aktivt deltagande i globala värdekedjor. Dessa kännetecken gör Sverige särskilt känsligt för de skadliga effekterna av förfalskning och pirattillverkning. Detta är särskilt relevant när hoten från förfalskning och pirattillverkning blir alltmer utspridda runt om i världen (OECD/EUIPO, 2019).

Enligt OECD/EUIPO (2019), tillhör Sverige de 15 länderna i toppen vars företag påverkas mest av förfalskning. 2016 rankades Sverige som nummer 12 på listan över ekonomier vars rättighetsinnehavare drabbas av förfalskningar. Detta innebär att 1 % av det totala beslagtagna värdet av förfalskade varor runt om i världen avsåg varor som gör intrång i svenska immateriella rättigheter.

De skadliga effekterna av handeln med förfalskade och pirattillverkade varor på den svenskaekonomin analyseras i denna studie från två perspektiv:

1. effekterna av smuggling av förfalskade varor till Sverige

2. effekterna av intrång av svenska rättighetsinnehavares immateriella rättigheter inom världshandeln.

Vad gäller smuggling av förfalskade varor till Sverige, påverkar det fyra områden som analyseras i denna rapport: i) förlust av konsumenters välfärd; ii) utebliven försäljning, iii) förlorade arbetstillfällen inom detaljhandel- och partihandelssektorn; och iv) lägre skatteintäkter. Dessa fyra kategorier beskrivs närmare i Kapitel 2.

Vad gäller global handel med förfalskade och piratkopierade varor som gör intrång i svenska immateriella rättigheter, påverkar det följande områden som beskrivs i Kapitel 3: i) lägre försäljning för innehavare av immateriella rättigheter; ii) förlust av arbetstillfällen för svensk tillverkningsindustri; och iii) lägre skatteintäkter.

De metodiska ramar som tagits fram för att beräkna samtliga dessa effekter såväl som de uppgifter som används redovisas nedan och diskuteras ingående i Bilaga A. I första hand beaktar detta ramverk problemet med "dubbelräkning", som uppstår till följd av försäljning av förfalskade varor i Sverige som gör intrång i dess egna invånares immateriella rättigheter.

Kapitel 4 sammanfattar rapportens huvudsakliga slutsatser och ger förslag på framtida forskning.

Tre viktiga faktorer bör beaktas i samband med analysen av denna inverkan:

- Först och främst avser metodiken begreppet *primära och sekundära marknader* för förfalskade och pirattillverkade varor. Det vill säga, att det görs åtskillnad mellan förfalskade produkter som vilseleder konsumenter (primära marknader) och sådana som säljs öppet som förfalskade varor till konsumenter (sekundära marknader – se OECD/EUIPO, 2016). Marknaderna för vilseledande och icke-vilseledande varor har väsentligt skilda egenskaper, och dessa olikheter har viktiga konsekvenser för den övergripande bedömningen.

- I ett andra steg betalar konsumenter på primära marknader fullt (eller nästan fullt) detaljhandelspris för en förfalskad vara i tron om att den är äkta, medan konsumenter som medvetet köper varor som gör intrång i immateriella rättigheter på sekundära marknader kan antas betala ett lägre pris och dessa hade nödvändigtvis inte bytt ut de förfalskade varorna mot äkta varor om de fått välja. Dessa skillnader i pris och utbytesgrad medför uppenbarligen olika konsekvenser för beräkningen av utebliven försäljning och förlorade skatteintäkter, och för värderingen av konsumentskada (det pristillägg som betalas av konsumenter på obehörigt vis i tron att de köper en äkta vara).[2]

- I ett tredje steg finns det andra områden som är föremål för inverkan som är svåra att mäta kvantitativt eller som sannolikt endast uppstår på lång sikt; dessa utelämnas således från analysen. Dessa innefattar exempelvis de negativa effekterna av förfalskning och pirattillverkning på konsumenters hälsa och säkerhet, på miljön, på spridningen av kriminella nätverk och på långsiktig innovation och utveckling.

Data och metodik

Mot bakgrund av förfalskningens hemliga natur är uppgifter som avser detta hot knappa och bristfälliga. Följaktligen finns det två huvudsakliga metodiska problem som bör has i åtanke i samband med framtagande och tillämpning av ett metodiskt ramverk för att kvantifiera effekterna av handel med förfalskade varor.

1. Först och främst finns det en myriad av effekter som hänför sig till handel med förfalskade varor och det ramverk som framtagits här påstår sig inte kvantifiera dem alla. Det tittar snarare på områden där kvantifiering varit möjlig och identifierar samtidigt arbetsområden som krävs för att bättre förstå handel med förfalskade och pirattillverkade varor påverkar ekonomier och samhällen i stort.

2. För områden där kvantifiering var möjlig, stödjer ramverket sig på en uppsättning metodiska antaganden. Av transparensändamål förtydligas samtliga i texten.

Vidare lämnar ramverket utrymme för ytterligare metodiska ändringar med förbehåll för framtida förbättringar av uppgifter. Dessa diskuteras i det sista kapitlet.

Data

Kvantitativa analyser i denna rapport bygger på tre typer av inmatade uppgifter:

- uppgifter om beslag av varor som gör intrång i immateriella rättigheter från tullen
- världsimportstatistik
- andra uppgifter, huvudsakligen svenska bakgrundsindikatorer på makro- och företagsnivå.

Handelsstatistiken bygger på Förenta nationernas (FN, inget datum) Comtrade-databasen (landningsvärdet i tullen). Med 171 rapporterande ekonomier och 247 partnerekonomier (76 ekonomier utöver de rapporterande ekonomierna) omfattar databasen den största delen av världshandeln och betraktas som den mest fullständiga handelsdatabasen som finns tillgänglig. Varor registreras i ett tvåsiffrigt harmoniserat system (HS)[3] (se UN Trade Statistics, 2017). Uppgifter som används i denna studie är grundade på landningsvärde i tullen vilket är värdet av de varor som tagits över av tulltjänstemän. I de flesta fall är detta samma som transaktionsvärdet som framgår av åtföljande fakturor. Landningsvärde i tullen inkluderar försäkrings- och fraktkostnader som uppstår i samband med transport av varor från ursprungsekonomin till importekonomin.

Uppgifter om tullbeslag kommer från nationella tullmyndigheter. Dessa uppgifter sammanställs och harmoniseras på nationell eller regional nivå och tillhandahålls sedan internationella byråer som innehar datauppsättningar som avser beslag. Två byråer och två datauppsättningar kommer att användas som input till analyserna i denna studie. Dessa datauppsättningar har mottagits från:

- Världstullorganisationen (WCO).
- Europeiska kommissionens generaldirektorat för skatter och tullar (DG TAXUD).
- Analysen i denna studie använder också ett faktablad som mottagits av USA:s Department of Homeland Security (DHS) vilket innefattar uppgifter om beslag från US Customs and Border Protection (CBP), USA:s tullmyndighet och från US Immigration and Customs Enforcement (ICE).

Annan statistisk information användes för att ta fram en metodik för att mäta den ekonomiska effekten av handel med förfalskade varor. Detta omfattar uppgifter på företagsnivå om svensk sektoriell produktion, försäljning, sysselsättning och löner som tagits fram från Eurostats databas (Eurostat, 2018).[4] Den omfattar även statistisk information om svenska skatter som tagits fram från OECD TAX-databasen.

Metodik

Bedömningen bygger på den allmänna metodik som utvecklats internt för att granska den ekonomiska effekten av handel med förfalskade varor baserat på uppgifter från tullen. Den allmänna så-kallade GTRIC (General Trade-Related Index of Counterfeiting) statistiska metodiken för att analysera omfattningen och storleken av handel med förfalskade varor har tagits fram i 2008 års OECD rapport The Economic Impact of Counterfeiting and Piracy och utvecklats i OECD/EUIPO (2016), Trade in Counterfeit and Pirated Goods: Kartläggning av ekonomiska effekter. Baserat på detta statistiska ramverk, förbereddes en allmän metodik för att studera landsspecifika effekter av förfalskning för 2017 års OECDrapport Trade in Counterfeit Products and the UK Economy (2017b) och utvecklades i OECD (2018), Trade in Counterfeit Goods and the Italian Economy.

Denna metodik tillämpas separat för att mäta i) omfattningen och effekterna av import av förfalskade varor till Sverige och ii) effekterna av handel med förfalskade varor som gör intrång i svenska immateriella rättigheter.

Mätning av omfattningen och effekterna av importer av förfalskade varor till Sverige genomförs enligt följande steg.[5]

Först och främst är databaserna för tullbeslag av varor som gör intrång i immateriella rättigheter och importer av äkta varor skräddarsydda för att uppskatta värdet av förfalskade importerade varor till Sverige per varukategori och ursprungsekonomi. Detta resulterar i ekonomi- och branschspecifika index som avser benägenheten att importera förfalskade varor till Sverige (se Bilaga B för mer uppgifter).

Baserat på uppskattningen av importflöden av förfalskade varor till Sverige, uppskattas sådana varors värde som sålts på primära och sekundära marknader för varje enskild bransch. Detta görs på grundval av antagandet att varje försäljning av ett förfalskat föremål på en primär marknad står för en direkt förlust för detaljhandels- och partihandelsindustrin. För sekundärmarknader, där endast en del av konsumenterna avsiktligen skulle ha bytt ut sina köp av förfalskade varor mot äkta varor, baseras analysen på variabler som avser konsumenternas utbytesgrader, det vill säga i vilken omfattning varje medvetet olagligt inköp ersätter en laglig försäljning (se OECD, 2017b). Beräkningarna av utbytesgrader som används i denna analys redovisas iTabell 1.1.

Tabell 1.1. Antagna konsumentutbytesgrader i huvudscenariot

Sektor	Utbytesgrad (%)
Parfymer och kosmetika	49
Ur och guldsmedsvaror	27
Kläder, accessoarer, läder och relaterade varor	39
Andra sektorer	32

Källor: Anti-Counterfeiting Group (2007), *Konsumentundersökning*, http://www.wipo.int/ip-outreach/en/tools/research/details.jsp?id=691; Tom, G. et al. (1998), "Consumer demand for counterfeit goods", *Psychology & Marketing*, Vol. 15/5, s. 405–421.

När de primära marknadernas volymer på branschnivå väl har fastställts för varje bransch, beräknas det sammanlagda värdet av konsumentskada. Den individuella konsumentskadan är det pristillägg som betalats på obehörigt vis av konsumenten i tron om att hon eller han köper en äkta vara.

Primära och sekundära marknaders volymer på branschnivå används för att uppskatta utebliven försäljning för återförsäljare och partihandlare. I ett första steg ger det uppskattade värdet av förfalskade varor som smugglats till Sverige i kombination med andelen av den primära marknaden den totala volymen av utebliven försäljning för svenska återförsäljare och partihandlare till följd av det intet ont anade köpet av förfalskade varor. I ett andra steg står det uppskattade värdet av förfalskade varor som smugglats till Sverige tillsammans med andelen av den sekundära marknaden och konsumenters utbytesgrad, för den totala volymen utebliven försäljning för svenska återförsäljare och partihandlare till följd av det avsiktliga köpet av förfalskade varor. Detta tar hänsyn till förhållandet att sådana konsumenter inte nödvändigtvis skulle ha köpt äkta alternativ om de förfalskade varorna inte hade varit tillgängliga. Avslutningsvis, visar summan av bägge beräkningar det totala värdet av utebliven försäljning för återförsäljare och partihandlare till följd av importer av förfalskade varor.

Nästa steg använder sig av utebliven försäljning för att beräkna förlorade arbetstillfällen inom den svenska detaljhandeln och partihandeln. Detta bygger på transmissionsgrad mellan utebliven försäljning och förlorade arbetstillfällen för varje bransch, vilket beräknas såsom i OECD (2017b). De industrispecifika skattningarna av elasticiteten i sysselsättning med avseende på försäljning och beräknat baserat på denna metodik redovisas underTabell 1.2 nedan. Viktigt att nämna är att lägre försäljning inte omsätts i samma andel förlorade arbetstillfällen inom varje sektor. Medan exempelvis en minskad försäljningsvolym om 1 % inom den svenska detaljhandels- och partihandelssektorn som avser maskiner och industriell utrustning framkallar en minskning om 0,47 % i antal arbetstagare inom denna sektor, medför det en minskning om 0,39 % för kemikalier och farmaceutiska produkter.

Tabell 1.2. Elasticiteten i sysselsättning med avseende på försäljning inom den svenska parti- och detaljhandelssektorn

Uppskattningar för 2014–16

HS-kategori	Försäljningselasticitet som avser sysselsättning
Mat, dryck och tobak	0,423
Kemiska och närstående produkter; förutom läkemedel, parfymer och kosmetika	0,390
Farmaceutiska och medicinska kemiska produkter	0,431
Parfymer och kosmetika	0,383
Textilier och andra mellanprodukter (exempelvis plast, gummi, papper, trä)	0,417
Kläder, skor, läder och relaterade varor	0,401
Ur och guldsmedsvaror	0,375
Icke-metalliska mineralprodukter (t.ex. glas och glasprodukter, keramiska produkter)	0,418
Metall och bearbetade metallprodukter (utom maskiner och utrustning)	0,414
Elektriska hushållsapparater, elektronik- och telekommunikationsutrustning	0,417
Maskiner, industriell utrustning, datorer och kringutrustning, fartyg och flygplan	0,469
Motorfordon och motorcyklar	0,418
Hushålls-, kultur- och fritidsartiklar; inklusive leksaker och spel, böcker och musikinstrument	0,416
Möbler, belysning, mattor och annan tillverkning nämnd eller inbegripen någon annanstans.	0,428

När en uppskattning väl har gjorts kan dessa transmissionsgrader mellan försäljning och arbeten användas för att uppskatta andelen förlorade arbetstillfällen till följd av förfalskade varor som smugglats in i Sverige vad gäller total sysselsättning. För varje svensk detaljhandels- och partihandelssektor görs detta genom att multiplicera transmissionsgraden med andelen utebliven försäljning genom den totala försäljningen av äkta varor.

Lägre försäljning av äkta varor på grund av importer av förfalskade och pirattillverkade varor minskar flera inkomstkällor för den svenska staten:

- mervärdesskatt (moms) som skulle ha varit föremål för uppbörd i samband med konsumtion vid köp
- bolagsskatt som skulle ha varit föremål för uppbörd från företag inom partihandels- och detaljhandelssektorn

- sociala avgifter från arbetstagare och arbetsgivare inom detaljhandel- och partihandelssektorn
- inkomstskatt från arbetstagare och arbetsgivare inom detaljhandel- och partihandelssektorn.

I syfte att beräkna utebliven moms, behöver man enbart tillämpa momssatserna på det uppskattade beloppet för total utebliven försäljning på grund av importer av förfalskade och pirattillverkade varor.

Beloppet för statliga skatter som uteblivit från bolagsskatten beräknas genom att multiplicera den genomsnittliga vinstmarginalen inom varje kategori inom detaljhandel- och partihandelssektorn med den genomsnittliga bolagsskattesatsen med beaktande av det uppskattade värdet av utebliven försäljning.

För beräkning av uteblivna sociala avgifter, multipliceras andelen av beloppet för de faktiska genomsnittliga sociala avgifter som betalats av arbetstagare och arbetsgivare för en sysselsättningsenhet med antal uppskattade förlorade arbetstillfällen på grund av importer av förfalskade och pirattillverkade varor.

Utebliven inkomstskatt beräknas genom att multiplicera genomsnittslönen i en viss bransch per den genomsnittliga inkomstskattesatsen gånger antalet förlorade arbetstillfällen.

Observera att för att uppskatta resultaten så exakt som möjligt, beräknades dessa fyra typer av förlorade intäkter efter näringsgren. Det slutliga resultatet på nationell nivå erhölls genom att lägga till de uppskattade beloppen för uteblivna skatteintäkter mellan de olika branscherna.

Uppskattning av omfattningen och effekterna av handel med förfalskade varor som gör intrång i svenska immateriella rättigheter beräknas genom att följa ett antal steg:

Det första steget är att uppskatta värdet av förfalskade varor som handlas över hela världen som gör intrång i varumärken eller patent som innehas av svenska rättighetsinnehavare. För detta ändamål valdes observationer i databasen som avser varumärken eller patent vars rättighetsinnehavares adresser registrerats i Sverige. Observera att identifiering av rättighetsinnehavarnas adresser genomfördes med användning av WIPO:s globala varumärkesdatabas (2016) och PATENTSCOPE-databasen WIPO (2017), bägge tillhandahållna av Världsorganisationen för den intellektuella äganderätten, WIPO.

Med utgångspunkt i detta dataurval, bedöms värdet av global förfalskning som inriktar sig på svensk industris immateriella rättigheter per vara och ekonomi, genom anpassning av GTRIC-metodiken som utvecklats i OECD/EUIPO (2016) för export och inhemsk försäljning. De index som omfattas av GTRIC-matrisen avser sannolikheten för att en viss typ av förfalskad vara som tillhör ett varumärke eller ett patent vars rättighetsinnehavares adress registrerats i Sverige säljs i en viss destinationsekonomi. Den metodiska anteckningen framgår av Bilaga B.

Det andra steget kontrollerar vilken andel av dessa förfalskade varor som handlas på primära kontra sekundära marknader över hela världen. Detta analyseras med exakt samma metodik som beskrivs i fallet med importer av förfalskade varor till Sverige. För det andra, tillämpas substitutionsgrader inom sekundära marknader. Detta ger svenska rättighetsinnehavares uteblivna försäljning, per bransch. Med andra ord, det uppskattade värdet av varor som säljs över hela världen som utgör förfalskade versioner av dessa svenska varumärken kombinerat med information om: i) andelen primära och sekundära marknader för dessa varor per destinationsekonomi; och ii) konsumenternas substitutionsgrader. Det totala värdet av utebliven försäljning för svenska rättighetsinnehavarna fås fram genom att lägga till försäljningsvärdet av förfalskade varor på primära marknader på försäljningsvärdet på den sekundära marknaden, anpassat för konsumenters substitutionsgrader.

Nästa steg beräknar förluster av arbetstillfällen inom svensk tillverkningsindustrin som en reaktion på förändringar i försäljning på exportmarknader och på den inhemska marknaden. Detta görs genom att tillämpa den ekonometriska modell som presenteras i fallet med importer av förfalskade varor till Sverige och beskrivs i detalj i OECD-rapporten om den brittiska ekonomin (2017b).

Uppskattningarna av försäljningselasticiteten som avser sysselsättning för varje svensk tillverkningsindustri redovisas i Tabell 1.3. Återigen, är lägre försäljning inte detsamma som samma andel förlorade arbetstillfällen inom var och en av dem. Medan exempelvis en lägre försäljningsvolym om 1 % inom den svenska detaljhandels- och partihandelssektorn för maskiner och industriell utrustning framkallar en minskning om 0,51 % av antal arbetstagare inom denna sektor, medför det samtidigt en ökning om 0,41 % för kemikalier och farmaceutiska produkter.

Tabell 1.3. Elasticitet i sysselsättning med avseende på försäljning inom svensk tillverkningsindustri

Uppskattningar för 2014–16

HS-kategori	Försäljningselasticitet som avser sysselsättning
Mat, dryck och tobak	0,4805
Kemiska och närstående produkter; förutom läkemedel, parfymer och kosmetika	0,4197
Farmaceutiska och medicinska kemiska produkter	0,4130
Parfymer och kosmetika	0,4870
Textilier och andra mellanprodukter (t.ex. plast, gummi, papper, trä)	0,5083
Kläder, skor, läder och relaterade varor	0,4750
Ur och guldsmedsvaror	0,4571
Icke-metalliska mineralprodukter (t.ex. glas och glasprodukter, keramiska produkter)	0,5052
Metall och bearbetade metallprodukter (utom maskiner och utrustning)	0,5049
Elektriska hushållsapparater, elektronik- och telekommunikationsutrustning	0,4940
Maskiner, industriell utrustning, datorer och kringutrustning, fartyg och flygplan	0,5103
Motorfordon och motorcyklar	0,4923
Hushålls-, kultur- och fritidsartiklar; inklusive leksaker och spel, böcker och musikinstrument	0,4294
Möbler, belysning, mattor och annan tillverkning nämnd eller inbegripen någon annanstans.	0,5092

Dessa transmissionsgrader mellan försäljning och arbetstillfällen kan användas för att uppskatta andelen förlorade arbetstillfällen på grund av intrång i global handel av svenska immateriella rättigheter i total sysselsättning. För varje svensk tillverkningsindustri görs detta genom multiplikation av transmissionsgraden med andelen utebliven försäljning för svenska innehavare av immateriella rättigheter.

Tre typer av skatteintäkter uppstår i Sverige till följd av intrång i svenska immateriella rättigheter: rättighetsinnehavares bolagsskatter; sociala avgifter; och inkomstskatt som betalas av arbetsgivare och anställda inom tillverkningsindustrin. De metoder som använts för att beräkna var och en av dessa uteblivna skatteintäkter är exakt samma som de som beskrivs i fallet med importer av förfalskade varor till Sverige. Det görs bransch för bransch i syfte att erhålla uppskattningar som är så exakta som möjligt.

Observer

[1] Förfalskade och pirattillverkade varor definieras som varor som medför intrång i varumärken, upphovsrätt, patent eller mönsterrätt.

[2] För ytterligare diskussioner om utbytesgrader se OECD (2017b), *Trade in Counterfeit Products and the UK Economy*.

[3] Det harmoniserade systemet (HS) är ett internationellt varuklassificeringssystem, som tagits fram och som underhålls av världstullorganisationen WCO.

[4] Jämförelsetabeller mellan klassificeringen av ekonomiska verksamheter för tillverknings- och partihandels- och detaljhandelsindustrin som använts av Eurostat (NACE) och det harmoniserade systemets (HS) klassificering, som använts för att beräkna såväl intrång av svenska immateriella rättigheter inom global handel som förfalskade importer till Sverige framgår av Bilaga B.

[5] För en mer formell presentation av dessa steg ber vi dig se OECD (2017b) och OECD (2018).

Referenser

Anti-Counterfeiting Group (2007), *Konsumentundersökning* som uppdragits åt oberoende undersökningsspecialister, http://www.wipo.int/ip-outreach/en/tools/research/details.jsp?id=691.

EUIPO/EPO (2016), *Intellectual Property Rights Intensive Industries and Economic Performance in the European Union*, Analysrapport på industrinivå.

Eurostat (2018), *Structural Business Statistics*, Europeiska unionens statistikkontor, Luxemburg, http://ec.europa.eu/eurostat/cache/metadata/fr/sbs_esms.htm (senaste åtkomst i maj 2018)

OECD (ND), *OECD:s skattedatabas*, http://www.oecd.org/tax/tax-policy/tax-database.htm

OECD (2019), *Illicit Trade Trends in Trade in Counterfeit and Pirated Goods*, OECD Publishing, Paris, https://doi.org/10.1787/g2g9f533-en

OECD (n.d.), *Trade in Value Added Database*, http://www.oecd.org/sti/ind/measuring-trade-in-value-added.htm

OECD (2018), *Trade in Counterfeit Goods and the Italian Economy: Protecting Italy's intellectual property*, OECD Publishing, Paris, https://doi.org/10.1787/9789264302426-en.

OECD (2017a), *Trade in Counterfeit ICT Goods*, OECD Publishing, Paris, http://oe.cd/fakeICTs.

OECD (2017b), *Trade in Counterfeit Products and the UK Economy: Fake Goods, Real Losses*, OECD Publishing, Paris, http://dx.doi.org/10.1787/9789264279063-en.

OECD (2016), *OECD Reviews of Innovation Policy: Sweden 2016*, OECD Publishing, Paris, http://dx.doi.org/10.1787/9789264249998-en.

OECD (2008), *The Economic Impact of Counterfeiting and Piracy*, OECD Publishing, Paris, https://doi.org/10.1787/9789264045521-en.

OECD/EUIPO (2016), *Trade in Counterfeit and Pirated Goods: Mapping the Economic Impact*, OECD Publishing, Paris, http://dx.doi.org/10.1787/9789264252653-en.

OHIM/Europol (2015), *2015 Situation Report on Counterfeiting in the European Union*,

https://www.europol.europa.eu/publications-documents/2015-situation-report-counterfeiting-in-european-union.

Tom, G. et al. (1998), "Consumer demand for counterfeit goods", *Psychology & Marketing*, Vol. 15/5, s. 405–421.

UN (ND), *Comtrade (databas)*, Förenta nationerna, http://comtrade.un.org/data/.

UN Trade Statistics (2017), *Harmonized Commodity Description and Coding Systems (HS)*, United Nations, Geneva, https://unstats.un.org/unsd/tradekb/Knowledgebase/50018/Harmonized-Commodity-Description-and-Coding-Systems-HS.

WIPO (2017), "*PATENTSCOPE Database: International and National Patent Collection*", https://patentscope.wipo.int/search/en/search.jsf.

WIPO (2016), *Global varumärkesdatabas*http://www.wipo.int/branddb/en/.

Kapitel 2. Import av förfalskade varor till Sverige

Marknader för förfalskade varor i Sverige

Innan du beräknar de ekonomiska konsekvenserna av importer av förfalskade och pirattillverkade varor i Sverige, består det första steget av att kvantifiera volymen och omfattningen av dessa importer till Sverige. Denna analys bygger på en databas över beslagtagna förfalskade och pirattillverkade varor som tillhandahållits av tullen (se ruta 1.1 i kapitel 1).

Varifrån kommer dessa varor?

Förfalskade och pirattillverkade varor som importerades till Sverige mellan 2014 och 2016 kom främst från Kina och Hongkong (Kina) och stod för ungefär 46 % respektive 32 % av det totala beslagtagna värdet. Dessa följdes av Thailand (12 %), Turkiet (5 %) och Irak (2 %).

Volymmässigt är rangordningen av de största ursprungsekonomierna jämförbar med den som avser värdet av förfalskade varor, med Kina och Hongkong (Kina) på en första och andra plats.

Figur 2.1. Största ursprungsekonomierna vad gäller importer av förfalskade varor till Sverige, 2014–16

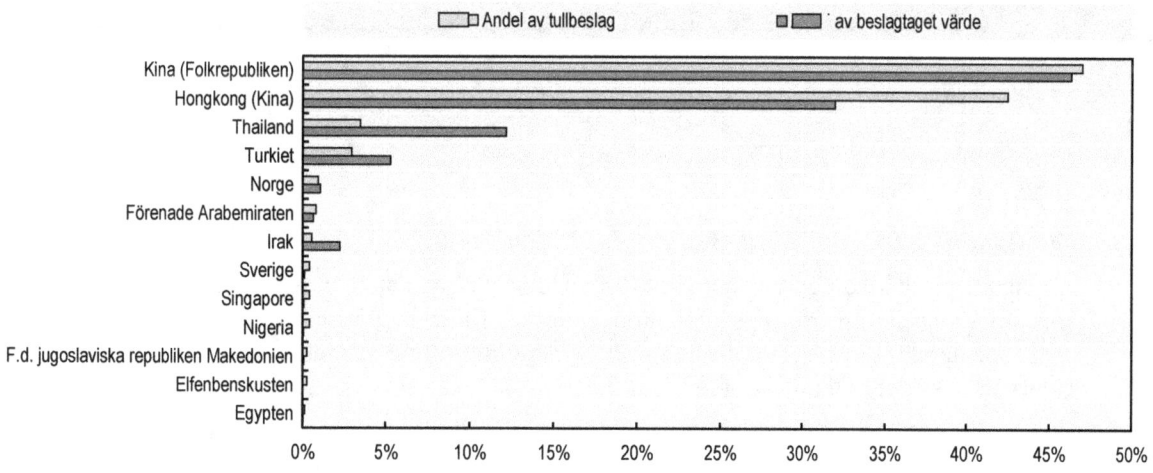

Till en början (det vill säga mellan 2011 och 2013), var de fyra största ursprungsekonomierna för importer av förfalskade varor till Sverige redan Kina, Hongkong (Kina), Singapore och Turkiet. Med tiden förblev dessa ekonomier de mest ledande ursprungskällorna för förfalskade varor som kom in till Sverige.

Det bör dock observeras att Turkiet gick tillbaka medan Hongkong (Kina) flyttade upp i rangordningen såvitt avser såväl beslagtaget värde och tullbeslag.

Figur 2.2. De största ursprungsekonomierna för importer av förfalskade varor till Sverige, förändring mellan 2014–16 och 2011–13

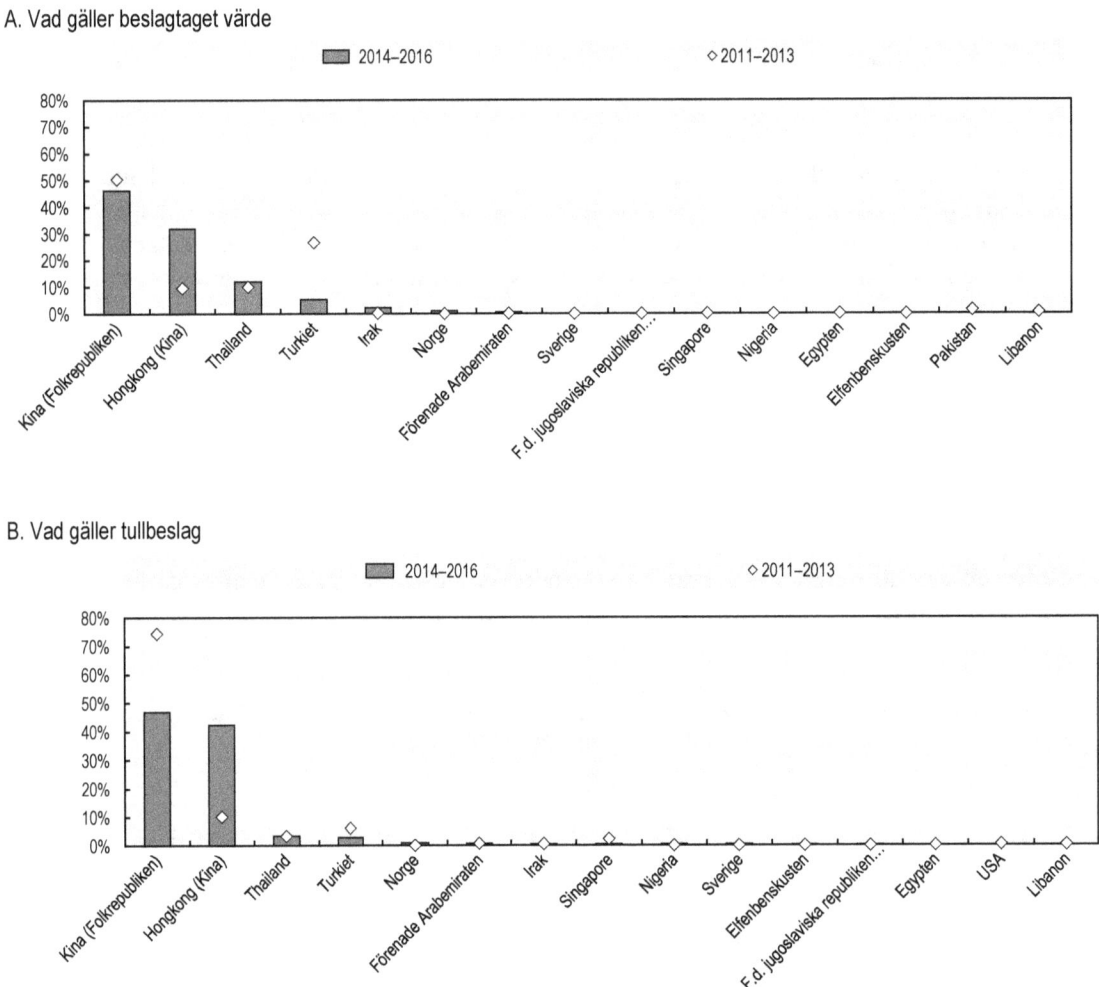

Vilka produkttyper är mest sannolikt föremål för förfalskning?

Angående produktkategorier som varit föremål för intrång, kan man se att förfalskade varor som smugglats in i Sverige är särskilt koncentrerade till ett begränsat antal branscher. Såväl avseende antal tullbeslag som beslagtaget värde, omfattar dessa elektriska maskiner, skor, lädervaror, kläder och klockor (se Figur 2.3).

Tittar man på specifika produkter, har ett mycket brett urval av förfalskade varor importerats till Sverige. Den allmänna kategorin "kläder" inkluderar exempelvis förfalskade varor som skjortor, träningsoveraller, T-tröjor, jackor, tröjor, sockor och sportjackor. Den elektriska maskin- och utrustningskategorin omfattar beslagtagna varor såsom hörlurar, delar till mobiltelefoner, batterier, laddare och TV-apparater. Förfalskade bälten, handskar, handväskor, jackor och resväskor hör till artiklarna i läderkategorin som är avsedda för den svenska marknaden.

Figur 2.3. Andel beslag av förfalskade varor i Sverige per produkttyp, 2014–16

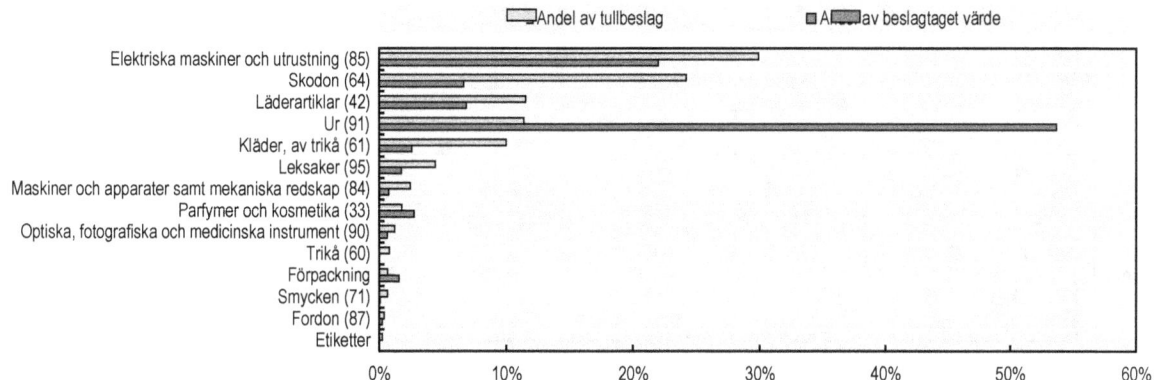

Observera: Siffror inom parentes är koder från det harmoniserade systemet (HS) såsom definierats av Förenta nationernas handelsstatistik (FN:s handelsstatistik, 2017).

Vad gäller förändringar mellan 2011–13 och 2014–16, förblir de fem största produktkategorierna av förfalskade varor i Sverige uppbyggda på samma sätt men förändringar måste noteras. Vad gäller beslag ökade andelen elektriska maskiner och klockor mellan 2014–16 medan andelen skor, lädervaror och kläder tenderade att minska under denna period (Figur 2.4).

Slutsatser som avser beslagtagna värden är mycket likartade: andelen ur och informations- och kommunikationsteknikutrustning (IKT) ökade medan andelen läderprodukter och skor minskade.

2. IMPORT AV FÖRFALSKADE VAROR TILL SVERIGE

Figur 2.4. Andel beslag av förfalskade varor i Sverige per produkttyp, förändring mellan 2014–16 och 2011–13

A. Vad gäller beslagtaget värde

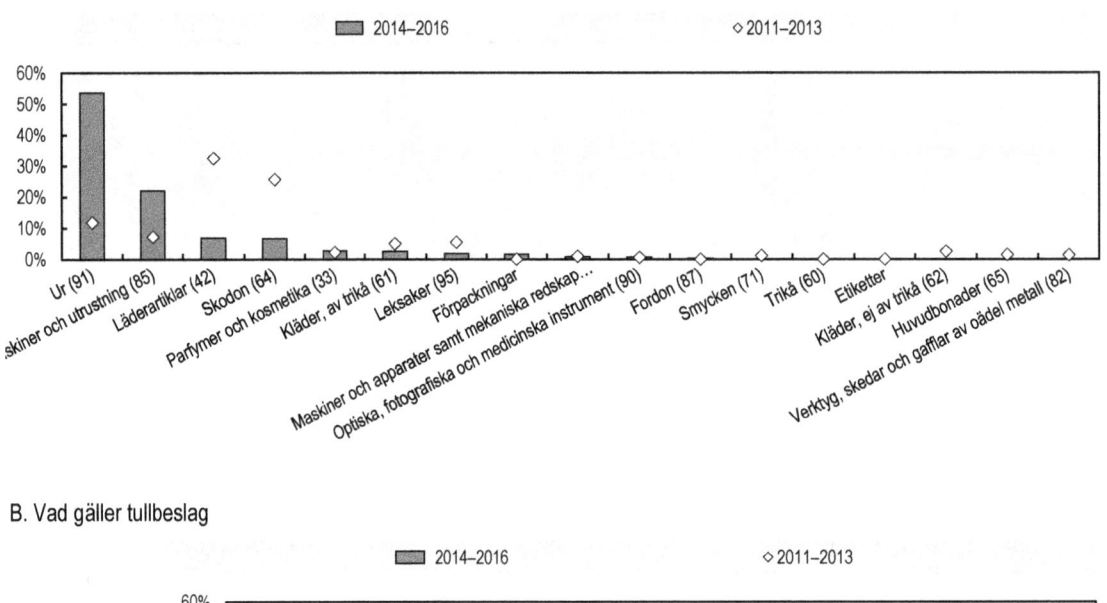

B. Vad gäller tullbeslag

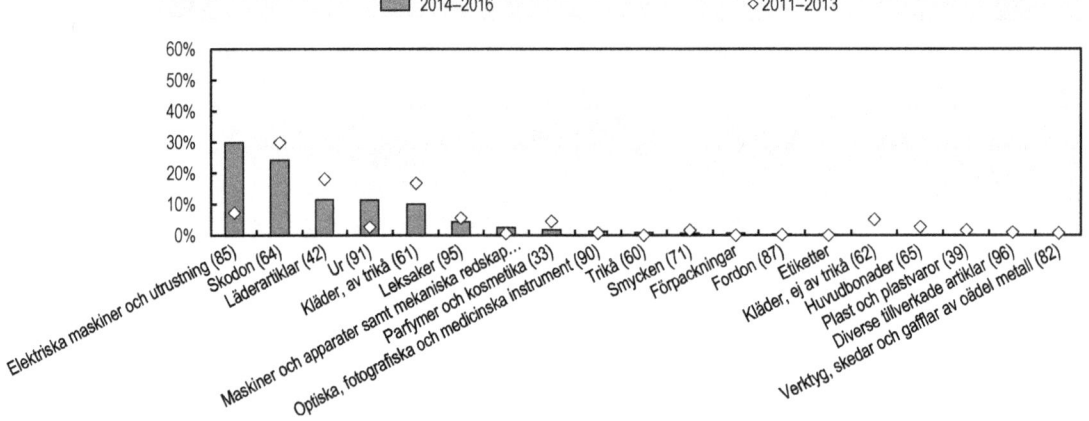

Vilka transportsätt används för att frakta förfalskade svenska importer?

Vad gäller deras värde, transporterades förfalskade varor som importerades till Sverige 2014–16 främst via flyg (82 % av beslagtaget värde), tätt åtföljt av transport till sjöss (17 %). Detta innebär också att 90 % av tullens åtgärder som rörde beslag av importer av förfalskade varor till Sverige fraktades via flyg, följt av till sjöss (8 %) och via vägtransport (2 %).

FÖRFALSKNING OCH PIRATKOPIERING OCH DEN SVENSKA EKONOMIN © OECD 2019

Figur 2.5. Transportsätt för förfalskade varor som importerades till Sverige, 2014–16

A. Vad gäller beslagtaget värde

2014–16

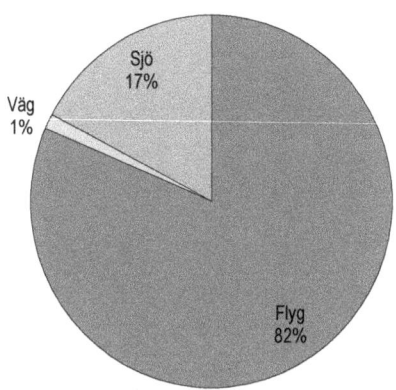

B. Vad gäller tullbeslag

2014–16

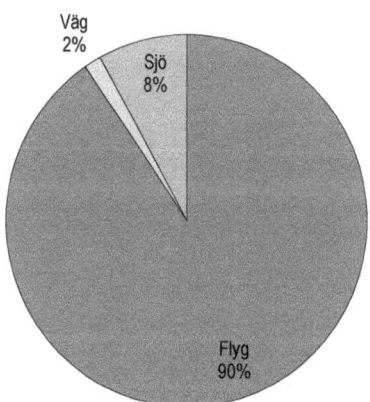

Angående försändelsestorleken bestod cirka 57 % av beslagen av 10 föremål eller färre. Mer än 40 % av beslagtagna varor fraktades i små paket som innehöll färre än 6 föremål. Dessa siffror är i linje med den globala trenden eftersom majoriteten (63 %) av globala tullbeslag av förfalskade och pirattillverkade varor rörde små paket (OECD/EUIPO, 2018). Den alltmer utbredda användningen av små försändelser är ett sätt för förfalskare att begränsa förlusterna i händelse av tullens ingripande. Det återspeglar också den kraftiga tillväxten inom e-handel och särskilt ökningen av föremål som skickas direkt till konsumenterna i form av paket eller brev.

Figur 2.6. Försändelsestorlek för importer av förfalskade varor till Sverige, 2014–16

Som andel av totala beslag

2014–2016

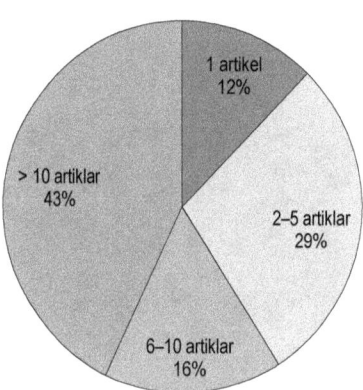

Vilket är det totala värdet av förfalskade varor som säljs i Sverige?

De bästa uppskattningarna, baserat på de uppgifter som lämnats av tullmyndigheterna och på GTRIC-metodiken, visar att importer av förfalskade och pirattillverkade varor till Sverige stod för så mycket som 18,3 miljarder kronor (2,2 miljarder USD), vilket motsvarar 1,6 % av svenska importer av äkta varor. Termen "så mycket som" är viktig eftersom den hänvisar till den övre gränsen för förfalskade och pirattillverkade produkter som importerats till Sverige. Vidare omfattar detta belopp inte inhemskt producerade och konsumerade förfalskade och pirattillverkade produkter och pirattillverkade digitala produkter som distribueras via nätet.

Analysen visar också att förfalskningsgraden i Sverige varierar mellan olika produktkategorier. Ur och guldsmedsvaror samt leksaker och spel var de mest utsatta kategorierna vad gäller förfalskning. 14,3 % och 12,2 % av varor som importerades till Sverige i dessa respektive kategorier var i själva verket förfalskningar. Detta följdes av kläder (8,9 %) och elektroniska apparater (5,9 %). Kategorier som avser fordon (0,2 %) och maskiner (0,9 %) påverkades i mindre grad av förfalskning.

Tabell 2.1. De största produktkategorierna som var föremål för förfalskning såvitt avser svenska importer i relativa tal, 2016

Vad gäller andel inom produktkategorin

HS-kategori	Andelen importer av förfalskade varor (%)
Ur och guldsmedsvaror	14,3
Hushålls-, kultur- och fritidsartiklar; inklusive leksaker och spel, böcker och musikinstrument	12,2
Kläder, skor, läder och relaterade varor	8,9
Elektriska hushållsapparater, elektronik- och telekommunikationsutrustning	5,9
Parfymer och kosmetika	1,5
Maskiner, industriell utrustning; datorer och kringutrustning; fartyg och flygplan	0,9
Motorfordon och motorcyklar	0,2

I absoluta tal, är IKT-utrustning den överlägset mest förfalskade typen av vara (se Tabell 2.2 för de största kategorierna). Det uppskattade värdet av förfalskad IKT-utrustning som importerades till Sverige uppgick till 10 miljarder kronor (1,2 miljarder USD) under 2016. Denna kategori omfattar ett brett urval av produkter såsom telefonbatterier, laddare och hörlurar. Den följdes av klädkategorin, vars värde av förfalskade varor som importerades till Sverige uppgick till cirka 4,6 miljarder kronor (550 miljoner USD).

Det höga uppskattade värdet av falsk IKT-utrustning återspeglar den omfattade och ökade efterfrågan på denna typ av produkt. Vidare är IKT-produkter kunskapsintensiva och skyddade av immateriella rättigheter, och följaktligen särskilt utsatta för förfalskning (se OECD-rapporten om handel med förfalskade IKT-varor, 2017).

Tabell 2.2. De största produktkategorierna som var föremål för varuförfalskning i svenska importer i absoluta tal, 2016

HS-kategori	Värde i miljoner USD
Elektriska hushållsapparater, elektronik- och telekommunikationsutrustning	1 210,0
Kläder, skor, läder och relaterade varor	551,0
Maskiner, industriell utrustning; datorer och kringutrustning; fartyg och flygplan	165,0
Hushålls-, kultur- och fritidsartiklar; inklusive leksaker och spel, böcker och musikinstrument	160,0
Ur och guldsmedsvaror	74,0
Motorfordon och motorcyklar	39,8
Parfymer och kosmetika	13,3

Primära och sekundära marknader för förfalskade produkter som säljs i Sverige

Distinktionen mellan primära och sekundära marknader är avgörande för analysen av de ekonomiska effekterna av förfalskade produkter som smugglas in i Sverige. Den primära marknaden avser konsumenter som köpte förfalskade varor ovetandes. På denna primära marknad motsvarar varje försäljning av ett förfalskat föremål en direkt förlust för den svenska detaljhandel- och partihandelsindustrin. Den sekundära marknaden avser konsumenter som avsiktligen köper förfalskade varor. På denna sekundära marknad, skulle endast en liten del av konsumenterna avsiktligen bytt ut sina köp av förfalskade produkter mot äkta sådana.

Tabell 2.3 identifierar andelen sekundära och följaktligen primära marknader för förfalskade produkter som säljs i Sverige per sektor. Detta visar att 49,8% av importerade förfalskade och pirattillverkade produkter som såldes i Sverige mellan 2014–16 såldes till konsumenter som faktiskt visste om att de köpte förfalskade produkter medan den återstående andelen köpte oavsiktligen. Andelen förfalskade varor som är avsedda för sekundära marknader varierar väsentligt från en sektor till en annan, och varierar från 20 % för fordon till 57,8 % för leksaker och spel. Logiskt sett tenderar konsumenter att köpa förfalskade varor ovetandes för produktkategorier med en potentiellt högprioriterad säkerhet (det vill säga fordon och maskiner).

Tabell 2.3. Andel av sekundära marknader för förfalskade produkter i Sverige

Sektor	Andel av sekundär marknad (%)
Hushålls-, kultur- och fritidsartiklar; inklusive leksaker och spel, böcker och musikinstrument	57,8
Parfymer och kosmetika	55,0
Ur och guldsmedsvaror	53,8
Elektriska hushållsapparater, elektronik- och telekommunikationsutrustning	52,3
Kläder, skor, läder och relaterade varor	48,3
Maskiner, industriell utrustning; datorer och kringutrustning; fartyg och flygplan	37,5
Möbler, belysning, mattor och annan tillverkning nämnd eller inbegripen någon annanstans.	33,3
Motorfordon och motorcyklar	20,0
Totalt	49,8

När andelen av primära och sekundära marknader väl har identifieras, är nästa steg att beräkna konsumenternas utbytesgrad på den sekundära marknaden, det vill säga i vilken utsträckning varje olagligt köp ersätter en laglig försäljning. Akademisk forskning om konsumenters socioekonomiska beteende och själva konsumenterna är de två olika källorna för att erhålla information om utbytesgrader.

Det finns flera studier som rapporterar om uppskattningar av konsumenters utbytesgrader. Den första är Anti-Counterfeiting Groups (2007) konsumentundersökning som tittade på olika produktkategorier. Den fastställde en utbytesgrad om 39 % för kläder och skor vilket innebär att varje 2,5 USD som spenderas på förfalskade kläder, accessoarer eller skor på sekundära marknader motsvarar 1 USD i utebliven försäljning inom detalj- och partihandeln. Samma undersökning fastställde en utbytesgrad om 49 % för varor som hänför sig till parfym- och kosmetikasektorn och om 27 % för produkter som tillhör ur- och guldsmedsbranschen. En annan studie om utbytesgrader var en undersökning av Tom et al. (1998) som fastställde utbytesgraden om 32 % för samtliga andra förfalskade produkter som sålts på sekundära marknader. Samtliga dessa utbytesgrader framgår av Tabell 1.1.

I vilken utsträckning betalar svenska konsumenter överpris för förfalskade produkter?

För vilseledda svenska konsumenter som köpt förfalskade varor på primära marknader, kan smuggling av förfalskade varor minska värdet eller tillfredsställelsen som de får från de berörda produkterna. Detta baseras i stor utsträckning på skillnader i produkter i samma prisklass vad gäller kvalitet och/eller prestanda. Sådana skillnader kan sannolikt uppfattas, exempelvis när en konsument köper en förfalskad produkt av låg kvalitet på den primära marknaden i tron om att det är en högkvalitativ äkta vara.

Naturligtvis, ökar förfalskade produkter dramatiskt risken för negativa effekter på konsumenternas hälsa och säkerhet. Övervakningen av leveranskedjor i Sverige är emellertid effektiv och inga större händelser som avsåg förfalskade produkter rapporterades som innebar ett potentiellt hot mot leveranskedjan för äkta varor. Dessutom kan sådana skador, även om de uppstår, inte enkelt kvantifieras och faller därmed utanför ramarna för denna rapport.

2016 uppgick den totala skadan på grund av vilseledande av konsumenter till nästan 4,5 miljarder kronor (540 miljoner USD). Den största skadan noterades för elektriska apparater, elektronisk utrustning (2,3 miljarder kronor eller 271 miljoner USD) följt av kläder (1,3 miljarder kronor eller 159 miljoner USD).

Tabell 2.4. Uppskattning av konsumentskada i Sverige per sektor, 2016

Sektor	Värde i miljoner USD
Elektriska hushållsapparater, elektronik- och telekommunikationsutrustning	271
Kläder, skor, läder och relaterade varor	159
Maskiner, industriell utrustning; datorer och kringutrustning; fartyg och flygplan	55,8
Hushålls-, kultur- och fritidsartiklar; inklusive leksaker och spel, böcker och musikinstrument	36,5
Ur och guldsmedsvaror	13,3
Parfymer och kosmetika	3,9
Totalt	539,5

Effekter av förfalskade varor på försäljning inom svensk detaljhandel- och partihandelssektor

Sammantaget var den totala volymen utebliven försäljning inom de svenska partihandel- och detaljhandelssektorerna på grund av importer av förfalskade varor under 2016 4,3 miljarder kronor (521 miljoner USD) vilket motsvarar 1,5 % av den totala försäljningen inom partihandels- och detaljhandelssektorn som påverkas av förfalskningar.

I absoluta tal avsåg svensk partihandel- och detaljhandelssektors största uteblivna försäljning elektriska hushållsapparater, elektronik- och telekommunikationsutrustning (2,3 miljarder kronor eller 275,4 miljoner USD), följt av kläder, skor, läder och relaterade produkter (1,1 miljarder kronor eller 136,8 miljoner USD), och maskiner, industriell utrustning, datorer och kringutrustning, fartyg och flygplan (361,7 miljoner kronor eller 43,4 miljoner USD).

I relativa tal drabbades sektorn för elektriska hushållsapparater, elektronik- och telekommunikationsutrustning av de största förlusterna (6 % av försäljningen), följt av klock- och smyckesbranschen (3,5 %) och sektorn för kläder, skor, läder och relaterade produkter (1,5 %).

Tabell 2.5. Utebliven försäljning för svensk detaljhandel- och partihandelssektor på grund av importer av förfalskade varor till Sverige, 2016.

Sektor	Värde i miljoner USD	Försäljningsandel (%)
Elektriska hushållsapparater, elektronik- och telekommunikationsutrustning	275,4	6,0
Ur och guldsmedsvaror	15,8	3,5
Kläder, skor, läder och relaterade varor	136,8	1,5
Hushålls-, kultur- och fritidsartiklar; inklusive leksaker och spel, böcker och musikinstrument	34,2	1,2
Maskiner, industriell utrustning; datorer och kringutrustning; fartyg och flygplan	43,4	0,6
Parfymer och kosmetika	3,4	0,4
Motorfordon och motorcyklar	12,1	0,1
Totalt	521,1	1,5

Effekten av marknaden för varuförfalskning på arbeten inom svensk detaljhandel och partihandel

Totalt förlorade arbetstillfällen inom partihandel- och detaljhandelssektorn på grund av importer av förfalskade varor till Sverige uppgick till omkring 2 500 under 2016, vilket motsvarar 1 % av alla anställda inom sektorerna som påverkas av förfalskning.

I absoluta tal konstaterades den största förlusten av arbetstillfällen på grund av förfalskning i branscherna som avser elektriska hushållsapparater, elektronik- och telekommunikationsutrustning (1 190 personer). Detta följdes av kläd- och leksaks- och spelindustrin där förlorade arbetstillfällen drabbade 726 personer respektive 245 personer.

I relativa tal upplevde IKT-branschen den högsta andelen förlorade arbetstillfällen (cirka 4 % av anställda). Den följdes av klock- och smyckesbranschen, samt klädbranschen där förlorade arbetstillfällen stod för 2,1 % och 1,1 % av deras respektive anställda.

Tabell 2.6. Förlorade arbetstillfällen inom svensk detaljhandel- och partihandelssektor på grund av importer av förfalskade varor till Sverige, 2016.

Sektor	Antal anställda	Andel av anställda (%)
Elektriska hushållsapparater, elektronik- och telekommunikationsutrustning	Cirka 1 200	3,9
Ur och guldsmedsvaror	Cirka 100	2,1
Kläder, skor, läder och relaterade varor	Cirka 700	1,1
Hushålls-, kultur- och fritidsartiklar; inklusive leksaker och spel, böcker och musikinstrument	Cirka 250	0,8
Maskiner, industriell utrustning; datorer och kringutrustning; fartyg och flygplan	Cirka 200	0,4
Parfymer och kosmetika	Mindre än 100	0,2
Motorfordon och motorcyklar	Mindre än 100	0,1
Totala partihandels- och detaljhandelssektorn	Cirka 2 500	1

Effekterna av marknaden för varuförfalskning på svenska statsintäkter

Minskad försäljning inom partihandel- och detaljhandelssektorn på grund av importer av förfalskade och pirattillverkade varor till Sverige innebär lägre skatteintäkter för den svenska staten från mervärdesskatt (moms), bolagsskatt, inkomstskatt och sociala avgifter.

Tabell 2.7 presenterar dessa uteblivna intäkter per typ av skatt, vilket uppgick till 1,8 miljarder kronor (222 miljoner USD) under 2016. Inom denna samlade siffra, utgjordes den största komponenten av uteblivna mervärdesskatter, uppgående till omkring 1 miljard kronor (130 miljoner USD).

Tabell 2.7. Uteblivna skatter för den svenska staten på grund av importer av förfalskade varor till Sverige, 2016

Typ av skatt	Värde i miljoner USD
Mervärdesskatt	130,3
Inkomstskatt och sociala avgifter	61,9
Bolagsskatt	30,0
Totalt	222,2

Referenser

Anti-Counterfeiting Group (2007), *Konsumentundersökning som uppdragits åt oberoende undersökningsspecialister*, http://www.wipo.int/ip-outreach/en/tools/research/details.jsp?id=691.

OECD (2017), *Trade in Counterfeit ICT Goods*, OECD Publishing, Paris, http://oe.cd/fakeICTs.

OECD/EUIPO (2018), *Misuse of Small Parcels for Trade in Counterfeit Goods: Facts and Trends, Illicit Trade*, OECD Publishing, Paris, https://doi.org/10.1787/9789264307858-en.

Tom, G. et al. (1998), "Consumer demand for counterfeit goods", *Psychology & Marketing*, Vol. 15/5, s. 405–421.

UN Trade Statistics (2017), Harmonized Commodity Description and Coding Systems (HS), United Nations, Geneva, https://unstats.un.org/unsd/tradekb/Knowledgebase/50018/Harmonized-Commodity-Description-and-Coding-Systems-HS.

Kapitel 3. Intrång i svenska immateriella rättigheter inom världshandeln

Överträdelser av svenska immateriella rättigheters räckvidd och omfattning över hela världen

Varifrån kommer de förfalskade varor som gör intrång i svenska immateriella rättigheter?

Det största antalet transporter som innehåller förfalskade varor som medför intrång i svenska immateriella rättigheter (IP) härstammar från Kina och Hongkong (Kina), som står för 92,4 % respektive 6,1 % av det totala beslagtagna värdet. Vad gäller tullbeslag, är Kina och Hongkong (Kina) också de två huvudsakliga ursprungsekonomierna, följda av Singapore, Turkiet och Malaysia.

Figur 3.1. Största ursprungsekonomierna av förfalskade varor som gör intrång i svenska immateriella rättigheter, 2014–16

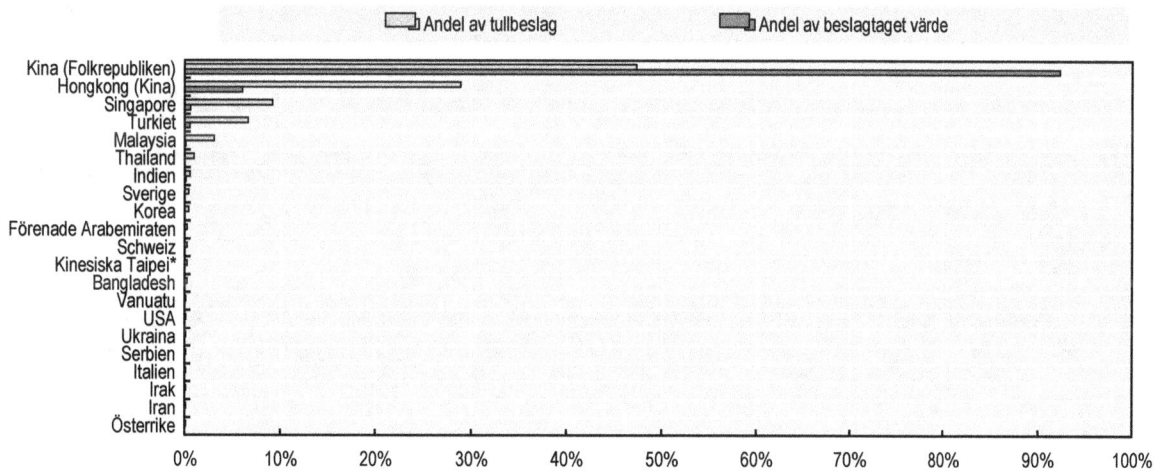

Figur 3.2 visar de förändringar som ägde rum mellan 2011–13 och 2014–16 vad gäller ursprungsekonomier för förfalskade varor som gjorde intrång i svenska immateriella rättigheter.

Vad gäller beslagtaget värde, kan man se att Turkiet har backat medan Kina och Hongkong (Kina) har flyttat upp. Mellan 2011–13 motsvarade Turkiet cirka 10 % av det beslagtagna värdet av importer av förfalskade varor medan landet stod för nästan 0 % under perioden 2014–16. Till följd av detta koncentrerades ursprungsekonomierna som avsåg importer av förfalskade varor till Sverige väsentligen till Kina och Hongkong (Kina) 2014–16.

När det gäller tullbeslag, måste fler förändringar noteras. De två mest märkbara är Turkiets kraftiga nedgång och Hongkong (Kina) och Singapores starka tillväxt. Kina och Malaysia ökade också under de två perioderna men i mindre utsträckning.

Figur 3.2. Största ursprungsekonomierna vad gäller förfalskade varor som gör intrång i svenska immateriella rättigheter mellan 2011–13 and 2014–16

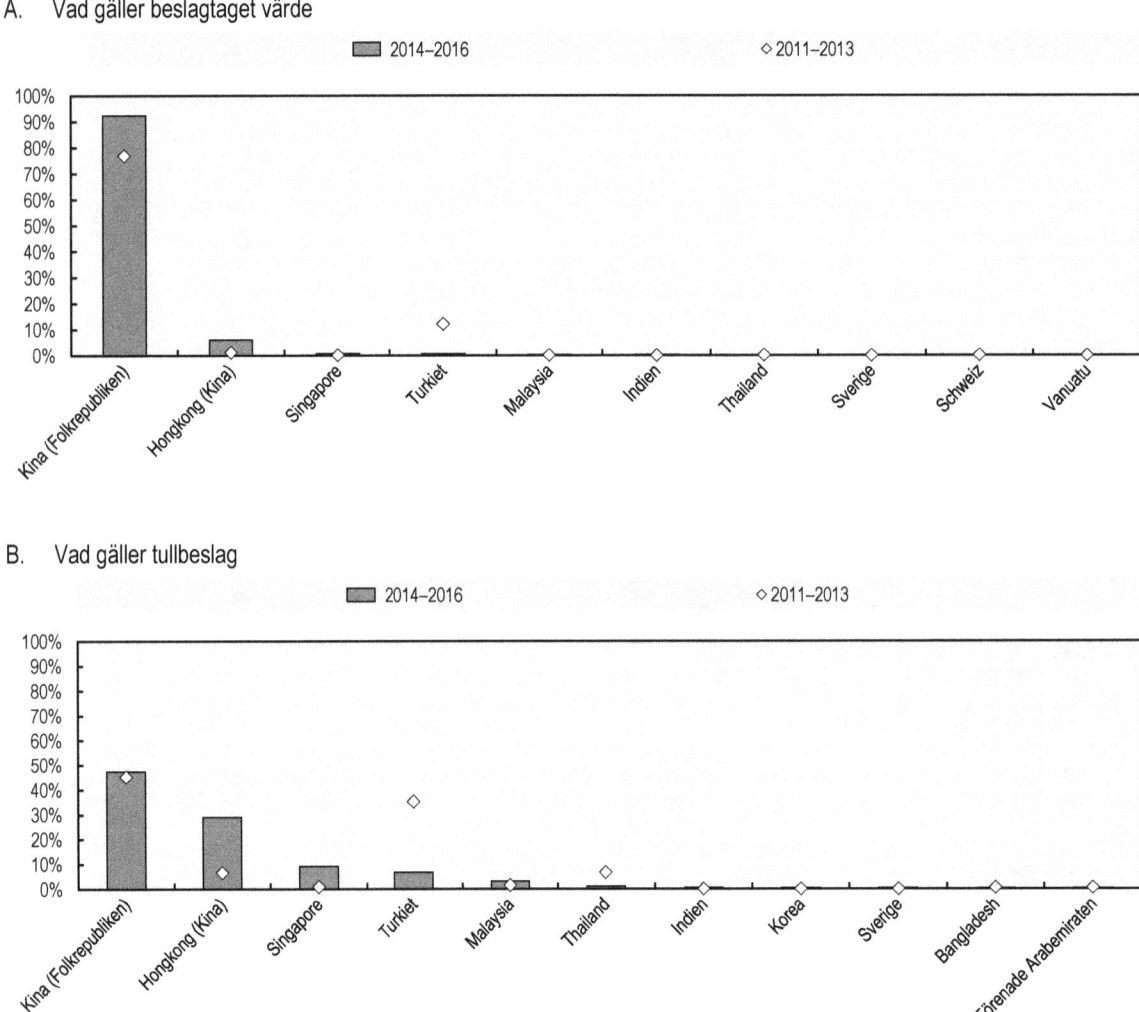

Vilka är de påverkade sektorerna?

Statistik avseende beslag som redovisas i Figur 3.3 pekar på att världsomfattande svenskrelaterade intrång i immateriella rättigheter är särskilt koncentrerade till ett begränsat antal branscher. Avseende såväl antal tullbeslag som beslagtaget värde, inkluderar dessa fordon, ur, leksaker, kläder, maskiner och mekaniska apparater. Det är värt att notera att leksakskategorin koncentrerade nästan 50 % av det beslagtagna värdet medan den koncentrerar 10 % av tullbeslagen.

Figur 3.3. De största produktkategorierna för förfalskade varor som gör intrång i svenska immateriella rättigheter, 2014–16

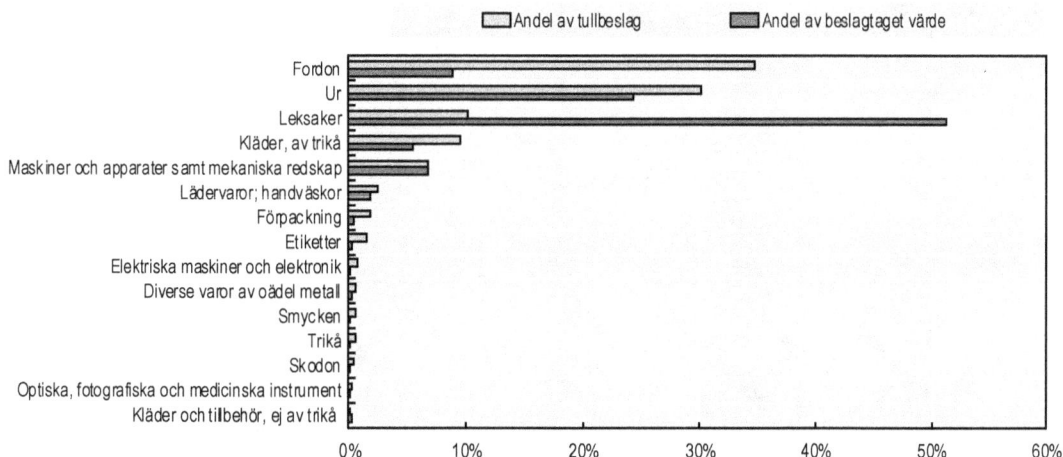

Avseende det beslagtagna värdet, är de viktigaste förändringarna som ägde rum mellan 2011–13 och 2014–16 ökningen av leksaker och ur och minskningen av maskiner och kläder.

Vad gäller antalet beslag, ökade kategorierna som hänför sig till fordon, ur och leksaker väsentligt mellan 2011–13 och 2014–2016 medan kategorierna för kläder och elektriska maskiner minskade.

Förändringar när det gäller leksaker och ur är relativt betydande eftersom dessa branscher står för nästan 0 % av såväl beslagtaget värde som tullbeslag 2011–13.

Figur 3.4. De största produktkategorierna av förfalskade varor som gör intrång i svenska immateriella rättigheter mellan 2011–13 and 2014–16

A. Vad gäller beslagtaget värde

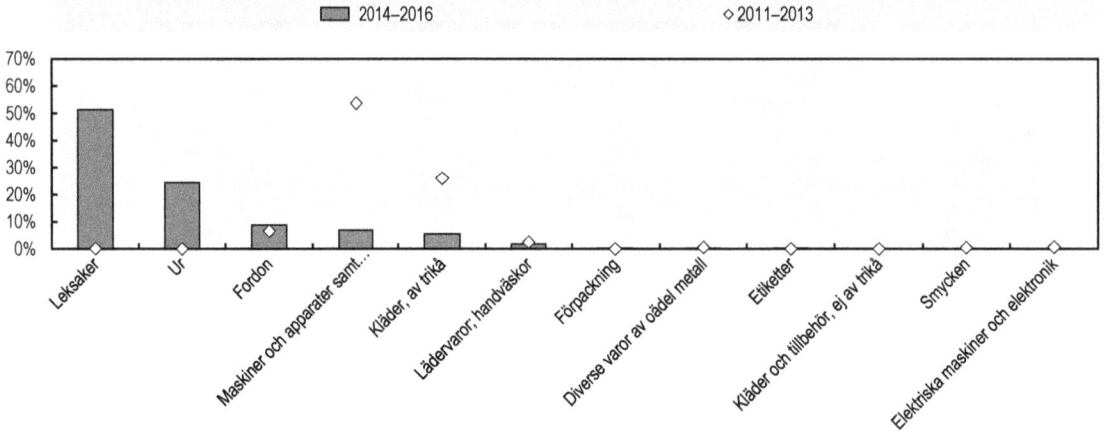

B. Vad gäller tullbeslag

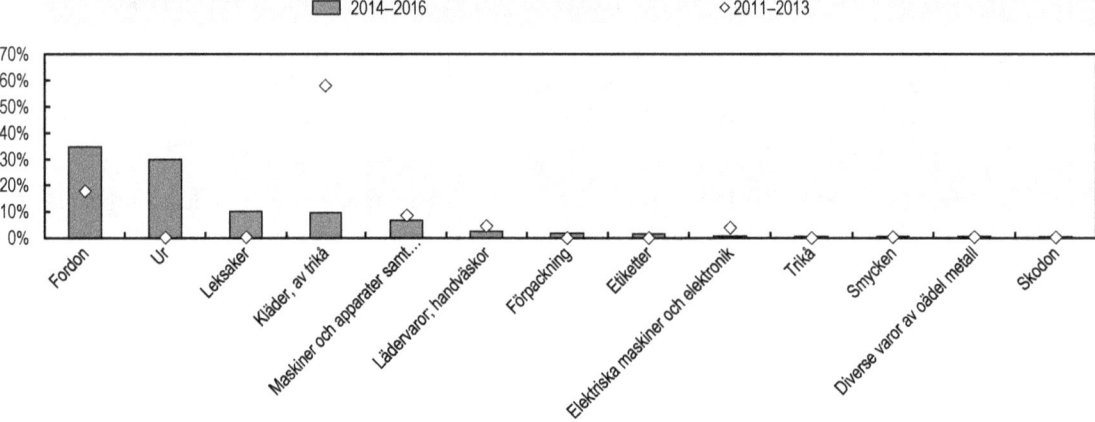

Vad gäller specifika svenska produktmål visar analysen ett brett urval av varor som är föremål för förfalskning över hela världen. Inom exempelvis klädkategorin omfattade förfalskade produkter som gör intrång i svenska immateriella rättigheter koftor, kappor, tröjor och sportkläder. Lager är den huvudsakliga förfalskade produkten för kategorin maskiner och mekaniska apparater. För fordonskategorin är förfalskade produkter också varierade och omfattar överdrag för bilsäten, mattor för bilor, skivbromsar och bromsbelägg.

Viktigt att notera är att vissa förfalskade varor utgör hot för hälsa och säkerhet. Detta avser främst varor som säljs på primära marknader till omedvetna konsumenter. Detta omfattar inte bara förfalskade varor så som kullager, motorsågar och reservdelar, men även kosmetika och utomhuskläder (se Ruta 3.1).

> **Ruta 3.1. Fjällrävenprodukter är ett mål för förfalskare**
>
> Representanter från den svenska klädtillverkaren Fjällräven delade med sig av kunskap kring deras erfarenheter av förfalskning under en intervju. Det svenska märket lider av förfalskning; deras ryggsäckar är särskilt drabbade.
>
> Tillverkningen av förfalskade varor äger rum i Asien (främst i Kina) men även i Turkiet. Olika kanaler används för att distribuera förfalskade varor men onlinedistribution verkar vara framstående. E-handel via webbplatsplattformar är en av dem. Distribution kan också äga rum via sociala medier eller riktiga marknadsplatser.
>
> Angående de förfalskade produkternas kvalitet visade de tester som gjordes på några förfalskade jackor av märket Fjällräven visade att de var fyllda med blodiga fjädrar. Denna anekdot är en bra illustration av material med låg kvalitet som används av varuförfalskare. Vattenresistenta produkter är också en källa till oro. De billigaste produkter som används av förfalskare är varken hälsosamma eller miljövänliga. Förutom oron för material av låg kvalitet kan även produktionsmetoderna ifrågasättas. Förfalskare drivs enbart av vinstintresse och är inte intresserade av hållbara strategier med avseende på till exempel resursanvändning.

Vilka är de transportsätt som används för att frakta förfalskade varor som gör intrång i svenska immateriella rättigheter?

Såsom framgår av Figur 3.5, är postpaket (61 %) det mest populära sättet att frakta förfalskade och pirattillverkade produkter som gör intrång i svenska immateriella rättigheter på. Följt av flyg- och sjötransporter med 26 % och 9 % av respektive beslag.

Vad gäller värde är sjötransport det huvudsakliga transportsättet för förfalskade varor som gör intrång i svenska immateriella rättigheter. Nästan 95 % av det beslagtagna värdet av förfalskade varor som gör intrång i svenska immateriella rättigheter avser sjötransporter.

Figur 3.5. **Förfalskade varor som gör intrång svenska immateriella rättigheter per transportsätt, 2014–16**

Vad gäller beslagtaget värde

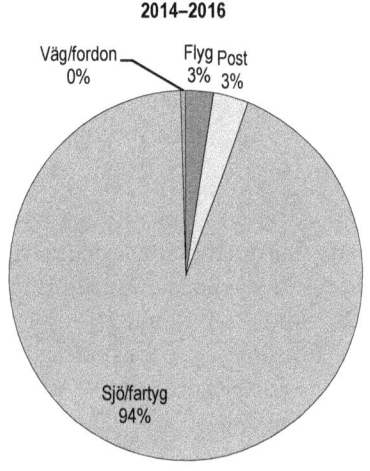

Vad gäller tullbeslag

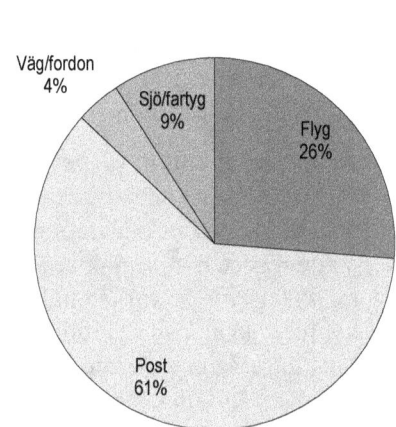

Små försändelser (det vill säga mindre än sex föremål) av förfalskade varor som gör intrång i svenska immateriella rättigheter tenderar att dominera medan andelen stora paket som omfattar minst 10 artiklar utgjorde 41 % av tullbeslagen. Under perioden 2011–13 var försändelsestorlekarnas struktur jämförbar (se Figur 3.6). Såsom tidigare nämnts, kan betydelsen av små försändelser delvis förklaras av e-handels snabba tillväxt såsom framhävs i OECD/EUIPO:s gemensamma rapport om små försändelser (OECD/EUIPO, 2018).

3. INTRÅNG I SVENSKA IMMATERIELLA RÄTTIGHETER INOM VÄRLDSHANDELN | 41

Figur 3.6. Storleken på transport av varor som gör intrång i svenska immateriella rättigheter, 2014–16 och 2011–13

Som en procentandel av totala beslag

Vilket värde har global handel med förfalskade produkter som gör intrång i svenska immateriella rättigheter?

Såsom förklaras i Bilaga A, gör tillämpningen av GTRIC-e och GTRIC-p indexen på data som rör svenska exporter och inhemsk försäljning det möjligt för absoluta värden att mätas för handel med förfalskade och pirattillverkade varor som gör intrång i immateriella rättigheter som innehas av svenska invånare. Dessa absoluta värden uttrycks som övre gränser för handel med varuförfalskningar och pirattillverkade varor, i procent av exporter och försäljning.

För att beräkna takvärdena (övre gränser för handel med förfalskade och pirattillverkade varor, i procentandel av export och försäljning), och att omsätta resultaten från relativa värden till absoluta sådana (till exempel i monetära termer), måste en "fixpunkt" först fastställas. Denna "fixpunkt" är procentandelen av förfalskade varor i totala importer i en vald produktkategori från en viss handelspartner, för vilka tillförlitliga uppgifter finns tillgängliga.

Fixpunkten har etablerats med särskild trovärdighet genom intervjuer med brottsbekämpande myndigheter för paren "produktkategori – destinationsekonomi" som är de mest intensiva vad gäller handel med förfalskade och pirattillverkade varor (för mer diskussion se OECD/EUIPO, 2016 och OECD/EUIPO, 2019). I dessa studier motsvarar fixpunkten importen av skor från Kina.

Tyvärr kan detta värde av fixpunkten inte direkt tillämpas på intrång av svenska immateriella rättigheter, eftersom skor inte omfattas av de produkter i Sverige som är föremål för mest förfalskning. Istället väljs ett lägre värde om 20 % som uppskattats i samband med intervjuer med branschföreträdare och brottsbekämpande myndigheter. För att vidare kontrollera om värdena som avser den "fixpunkt" som fastställts under intervjuerna med tulltjänstemän och experter resulterar i tillförlitliga resultat genomförs vissa ytterligare kontroller. För att kunna göra detta är den empiriska tillämpningen baserad på tre scenarier med utvalda värden om 10 %, 15 % och 20 %. Observera att samtliga dessa scenarier tar mycket mer konservativa värden av fixpunkter än de faktiska fixpunkter som tillämpas på importer i OECD/EUIPO (2016) och (2019).

Tabell 3.1. Uppskattat värde av global handel med förfalskade varor som gör intrång i svenska immateriella rättigheter, 2014–16

År	2014		2015		2016	
Enhet	Värde i miljarder USD	Försäljningsandel (%)	Värde i miljarder USD	Försäljningsandel (%)	Värde i miljarder USD	Försäljningsandel (%)
Takvärde 20 %	**1,5**	**0,88**	**2,4**	**1,30**	**3,4**	**1,80**
Takvärde 15 %	1,1	0,66	1,8	0,97	2,5	1,35
Takvärde 10 %	0,8	0,44	1,2	0,65	1,7	0,90

De bästa uppskattningarna som baseras på de uppgifter som lämnats av tullmyndigheter i hela världen, och på GTRIC- metodiken, pekar på att global handel med förfalskade och pirattillverkade produkter som gör intrång i svenska varumärken och patent uppgick till så mycket som 28,3 miljarder kronor (3,4 miljarder USD) under 2016, motsvarande 1,8 % av total försäljning (inhemsk plus export) avseende svenska tillverkningssektorer som påverkats av förfalskning. Detta innebär att cirka 0,7 % av global handel med förfalskade och pirattillverkade varor avser varor som gör intrång i svenska immateriella rättigheter (3,4 miljarder USD utöver de 509 miljarder USD som beräknats i OECD/EUIPO 2019-rapporten).

Figur 3.7 delar upp beloppet för det uppskattade värdet av global handel med förfalskade varor som gör intrång i svenska varumärken och patent per produktkategori i absoluta tal (det vill säga i miljoner USD). Detta innebär att svenska varumärken och patent som avser motorfordon och motorcyklar; maskiner, industriell utrustning; datorer och kringutrustning särskilt valdes ut av förfalskare inom global handel.

I relativa tal, var motorfordon den oftast mest förfalskade typen av produkt över hela världen, med förfalskade varor som står för mer än 8 % av alla varor inom kategorin. Det följdes av leksaker och spel och maskiner, industriell utrustning där förfalskade varor utgjorde cirka 6 % av alla varor i varje kategori.

Figur 3.7. De största produktkategorierna som är föremål för intrång i svenska immateriella rättigheter inom världshandeln, 2016

A. Vad gäller beslagtaget värde

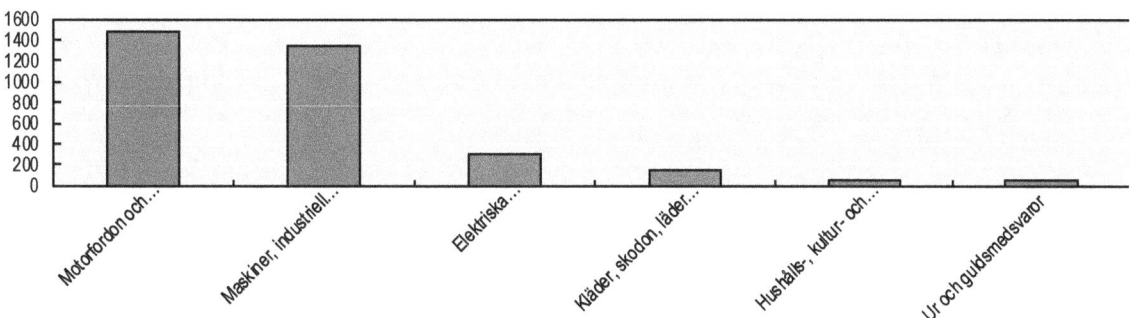

B. Vad gäller tullbeslag

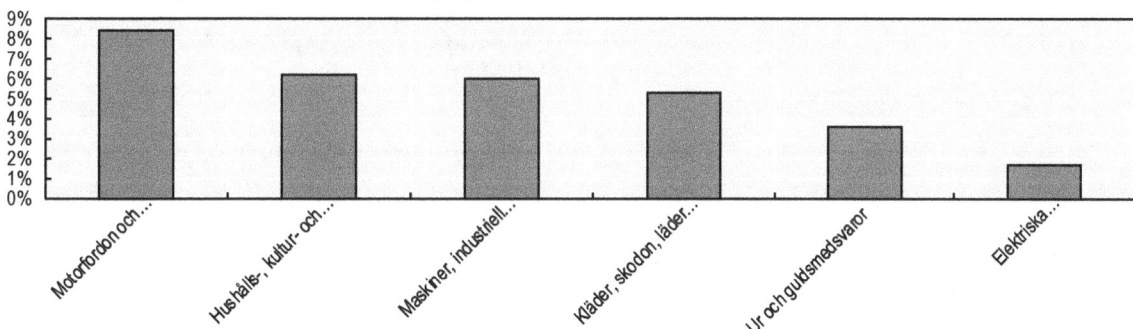

Den sekundära marknaden

Vad gäller vilseledande av konsumenter, visar analysen att omkring 40 % av de förfalskade varor som är föremål för handel över hela världen och som gör intrång i svenska immateriella rättigheter såldes på den primära marknaden, det vill säga att de såldes till konsumenter som faktiskt var ovetandes om att de köpte förfalskade produkter (se Tabell 3.2). Andelen förfalskade varor som är avsedda för sekundära marknader varierar väsentligt beroende på sektor, och varierar från 9 % för spel och leksaker till 64,2 % för fordon.

Förfalskade maskinprodukter som potentiellt skulle kunna ha stor effekt på säkerhet och följaktligen på hälsa köps sällan i vetskap om de inte är äkta. Detta är delvis på grund av att köpbeslutet gällande dessa produkter drivs av efterfrågan medan kläder eller ur är utbudsdrivna produkter (se ruta 3.2).

> **Ruta 3.2. SKF kullager, en efterfrågedriven affärsmodell**
>
> En intervju med representanter från SKF gav några intressanta inblickar i de affärsmodeller som används av leverantörer av förfalskade kullager.
>
> Förfalskad kullagerproduktion följer en särskild affärsmodell som drivs av efterfrågan. Distributörer, som utgör de viktigaste elementen i produktion av förfalskade kullager, samlar in kundernas önskemål. De gör sedan beställningar på webbsidor online som säljer förfalskade kullager genom att imitera SKF:s äkta webbsidor. När de väl är beställda, tillverkas kullagren i legitima fabriker. I de flesta fall äger produktionen av förfalskade kullager rum i Shandong-provinsen i Kina. När "no name"-kullagren väl har producerats, är nästa steg att märka dem i en särskild märknings-workshop. Viktigt att nämna, är att produktion och märkning av förfalskade kullager är två helt skilda verksamheter. När de väl blivit märkta, är de förfalskade kullagren redo att distribueras till konsumenterna.
>
> De förfalskade kullagrens kvalitet är helt oförutsägbar och instabil. Kunder som mestadels köper förfalskade varor ovetandes kan ofta bli besvikna eftersom de inte får den höga och stabila kvalitet som följer av äkta varor. Teknisk diagnostik visar att äkta varor kan hålla 10 till 20 gånger längre tid än förfalskade sådana. I vissa fall var de förfalskade kullagren endast gamla och begagnade kullager som hade rengjorts, polerats och märkts om på nytt.

Tabell 3.2. Andel av sekundära marknader för förfalskade varor som gör intrång i svenska immateriella rättigheter

Sektor	Andel av sekundär marknad (%)
Motorfordon och motorcyklar	64,2
Kläder, skodon, läder och relaterade varor	36,6
Ur och guldsmedsvaror	12,7
Hushålls-, kultur- och fritidsartiklar; inklusive leksaker och spel, böcker och musikinstrument	9,1
Maskiner, industriell utrustning; datorer och kringutrustning; fartyg och flygplan	6,0
Totalt	59,8

Effekten av förfalskning på svenska immaterialrättsinnehavares försäljning

Den totala volymen utebliven försäljning för svenska företag på grund av intrång i deras immateriella rättigheter uppgick till 16,7 miljarder kronor (2 miljarder USD) under 2016, motsvarande 2,4 % av deras totala försäljning (inhemsk försäljning plus export). Tillverkningsindustrin för motorfordon; maskiner, industriell utrustning, datorer och kringutrustning drabbades av de största förlusterna i absoluta tal (6,9 miljarder kronor eller 830 miljoner USD respektive 6,8 miljarder kronor eller 818 miljoner USD).

Vad gäller försäljningsandel, noterades de största förlusterna av tillverkningsindustrin för kläder, skor, läder och relaterade produkter, och ur och guldsmedsvaror som förlorade 19,5 % och 17 % av deras respektive försäljning.

3. INTRÅNG I SVENSKA IMMATERIELLA RÄTTIGHETER INOM VÄRLDSHANDELN | 45

Tabell 3.3. Beräknad utebliven försäljning för svensk tillverkningsindustri, 2016

Sektor	Värde i miljoner USD	Försäljningsandel (%)
Kläder, skodon, läder och relaterade varor	83,84	19,5
Ur och guldsmedsvaror	22,94	16,9
Hushålls-, kultur- och fritidsartiklar; inklusive leksaker och spel, böcker och musikinstrument	35,18	15,3
Elektriska hushållsapparater, elektronik- och telekommunikationsutrustning	241,39	4,0
Maskiner, industriell utrustning; datorer och kringutrustning; fartyg och flygplan	818,31	2,3
Motorfordon och motorcyklar	830,10	1,9
Totalt	2 031,76	2,4

Effekten av förfalskning på arbetstillfällen inom svensk tillverkningsindustri

Lägre försäljning av äkta svenska patenterade och varumärkesskyddade produkter innebär färre jobb i drabbade svenska tillverkningsindustrier. För att beräkna antalet förlorade arbetstillfällen till följd av intrång i svenska varumärken och patent inom global handel, användes den grundläggande ekonometriska modell som redovisas i Bilaga A.3. Den baserades på uppskattningar av transmissionsgrader (elasticiteter) mellan utebliven försäljning och förlorade arbetstillfällen (Tabell 1.3).

Tabell 3.4 visar det totala antalet förlorade arbetstillfällen inom svensk tillverkningsindustri. Total förlust på grund av intrång i svenska immateriella rättigheter uppgick till mer än 4 500, motsvarande 2,2 % av den totala sysselsättningen gällande arbetstagare inom dessa områden.

Tabell 3.4. Uppskattade förlorade arbetstillfällen inom svensk tillverkningsindustri, 2016

Sektor	Antal anställda	Andel av anställda (%)
Kläder, skodon, läder och relaterade varor	Cirka 300	12,5
Ur och guldsmedsvaror	Mindre än 100	10,3
Hushålls-, kultur- och fritidsartiklar; inklusive leksaker och spel, böcker och musikinstrument	Cirka 100	8,7
Elektriska hushållsapparater, elektronik- och telekommunikationsutrustning	Cirka 600	3,3
Maskiner, industriell utrustning; datorer och kringutrustning; fartyg och flygplan	Cirka 2 000	1,9
Motorfordon och motorcyklar	Ca 1 000	1,8
Totalt	Ca 4 000	2,2

Effekten av intrång i svenska immateriella rättigheter på statens intäkter

Minskad försäljning och lägre vinst för svenska rättighetshavare innebär att de betalar mindre bolagsskatt till staten. Dessutom leder ett lägre antal anställda till låga intäkter från personlig inkomstskatt och lägre bidrag till socialförsäkringen. Förlorad försäljning på den svenska inrikesmarknaden ger också lägre intäkter från moms på konsumtion. Under 2016 uppgick de uteblivna skatteintäkterna till ett sammantaget värde om 5,7 miljarder kronor (682 miljoner USD). Den största förlusten rörde momsintäkter och uppgick till över 4 miljarder kronor (508 miljoner USD).

Tabell 3.5. Offentligt inkomstbortfall till följd av intrång i svenska immateriella rättigheter i världshandeln 2016

Typ av skatt	Värde i miljoner USD
Moms	507,9
Personlig inkomstskatt och sociala avgifter	134,2
Bolagsskatter	40,3
Totalt	682,5

Referenser

OECD/EUIPO (2019), *Illicit Trade Trends in Trade in Counterfeit and Pirated Goods*, OECD Publishing, Paris, https://doi.org/10.1787/g2g9f533-en.

OECD/EUIPO (2018), *Misuse of Small Parcels for Trade in Counterfeit Goods: Facts and Trends, Illicit Trade*, OECD Publishing, Paris, https://doi.org/10.1787/9789264307858-en.

OECD/EUIPO (2016), *Trade in Counterfeit and Pirated Goods: Mapping the Economic Impact*, OECD Publishing, Paris, http://dx.doi.org/10.1787/9789264252653-en.

Kapitel 4. Den samlade effekten av varumärkesförfalskning på Sverige

Handel med förfalskade varor: den samlade effekten på Sverige

Denna rapport har utvärderat två särskilda kategorier av effekter av varumärkesförfalskning och piratkopiering på Sverige: effekterna av import av varumärkesförfalskade och piratkopierade varor i Sverige och effekterna av den globala handeln med varor som gör intrång på svensk immaterialrätt.

När det gäller den totala effekten av handeln med varumärkesförfalskade varor i Sverige, visar den bästa tillgängliga statistiken att den totala skadan för konsumenterna, till följd av att konsumenterna vilseleds, under 2016 uppgick till nästan 4,5 miljarder kronor (540 miljoner USD). Försäljningsförlusterna för den svenska parti- och detaljhandeln under 2016 uppgick till 4,3 miljarder kronor (521 miljoner USD) eller 0,7 % av den totala försäljningen för de butikshandelsindustrier som påverkades av varumärkesförfalskning det året. Den totala volymen av utebliven försäljning för svenska rättighetsinnehavare till följd av intrång i deras immateriella rättigheter 2016 uppgick till 16,7 miljarder kronor (2 miljarder USD) eller 2,4 % av deras totala försäljning det året. Dessa försäljningsförluster leder till förlorade arbetstillfällen och lägre skatteintäkter (se Tabell 4.1).

Tabell 4.1. Den totala direkta påverkan av handel med varumärkesförfalskade och piratkopierade varor i den svenska kontexten 2016

Förlorad försäljning totalt (parti- och butikshandel)		Förlorad försäljning totalt (svenska immaterialrättsägare)		Förlorade arbetstillfällen totalt		Förlorade skatter totalt	
0,521 miljarder USD	1,5 % av försäljningen	2 miljarder USD	2,4 % av försäljningen	Ca 7 100 förlorade arbetstillfällen	0,7 % av anställda motsvarande heltidsanställda	0,905 miljarder USD	0,2 % av svensk BNP

En jämförelse av omfattningen av förlusterna till följd av varumärkesförfalskning i Sverige å ena sidan och intrång i svenska företags immateriella rättigheter å andra sidan ger några relevanta observationer.

I absoluta tal är förlusterna till följd av intrång i svenska immateriella rättigheter utomlands mycket större än de som följer av importen av förfalskningar till Sverige. När det gäller skadorna på svenska intäkter uppgick de till 5,7 miljarder kronor (682 miljoner USD) i form av uteblivna skatter, att jämföra med 1,8 miljarder kronor (222 miljoner USD) som orsakades av import av förfalskningar till Sverige. Detta har minst två huvudorsaker:

- Sverige är en relativt liten ekonomi som i hög grad är beroende av export av immaterialrättsintensiva varor. Dessa varor har dessutom ett mycket gott rykte över hela världen och blir således attraktiva mål för varumärkesförfalskare. Detta innebär att handeln med varumärkesförfalskade och piratkopierade varor på global nivå, utgör ett allvarligt hot mot svenska företag och kan underminera deras innovativa insatser och investeringar.

- För det andra har Sverige ett effektivt reglerings- och responssystem som verkar vara effektivt för att minska den totala skadan av import av varumärkesförfalskningar till Sverige och dämpa efterfrågan på förfalskningar i Sverige.

Det bör också noteras att immaterialrättsintrång i svenska produkter runt om i världen varierar väsentligt mellan de berörda sektorerna. Vad gäller förfalskade kläder och ur drivs intrången av utbudet, medan intrången som rör falska kullager drivs av slutkonsumenterna. Strukturerade intervjuer med svensk industri avslöjar dessutom ett behov av ett starkare internationellt engagemang för att motverka detta gissel. Detta kräver ett fortsatt starkt engagemang från Sveriges sida i internationella, plurilaterala och multilaterala initiativ för att motverka risken för handel med varumärkesförfalskade och piratkopierade varor.

Omfattningen för problemet och skalan för dess påverkan bör fortsatt ha hög prioritet hos både svenska beslutsfattare i och landets privata sektor. Det finns betydande konsekvenser för framtiden, exempelvis för aktiviteter som genererar höga mervärden och aktiviteter med innovationspotential, vilka båda är källor till långsiktig ekonomisk tillväxt.

Nästa steg

Den unika metod som har utvecklats för den här rapporten skulle kunna vara lämplig även för många andra, ytterligare studier. Det skulle kunna röra sig om andra landsstudier, vilket så småningom skulle kunna leda till en referensstudie. Potentialen för ytterligare fallstudier är särskilt givande där uppgifterna är rikliga och där det finns bevis för att intrången får väsentlig påverkan.

Metoden kan också tillämpas framgångsrikt och upprepas för att fastställa de relativa förändringarna i omfattning och effekter av varumärkesförfalskning och piratkopiering i Sverige. Metoden ger dessutom viss flexibilitet för att ta höjd för forskningsförbättringar, till exempel rörande ersättningstal. Detta skulle kunna leda till en mer detaljerad analys som skulle ge en mer fullständig bild av handeln med varumärkesförfalskade och piratkopierade varor och dess negativa påverkan på rättighetsinnehavare, myndigheter och konsumenter i Sverige.

Bilaga A. Metodkommentarer

Konstruktion av GTRIC för marknaden för varumärkesförfalskningar i Sverige

Konstruktion av GTRIC-p

GTRIC-p konstrueras i tre steg:

1. Procentsatserna för beslag av känsliga varor tas fram för varje produktkategori.
2. Utifrån dessa fastställs en faktor för varumärkesförfalskningens källa för varje industri, baserat på industriernas betydelse för svensk import.
3. GTRIC-p fastställs baserat på dessa faktorer.

Steg 1: Mäta produktbeslagsfrekvenser

v_p och m_p är beslags- respektive importvärdena för produkttyp p (enligt registreringen i det harmoniserade systemet, HS, på tvåsiffrig nivå) som säljs i Sverige från *någon* ursprungsekonomi under ett givet år. De relativa beslagsfrekvenserna (procentsatser för beslag) för vara p, som betecknas nedan av γ_p, definieras följaktligen av:

$$\gamma_p = \frac{v_p}{\sum_p v_p}, \text{ such that } \sum_p \gamma_p = 1$$

Steg 2: Mäta industrispecifika faktorer för varumärkesförfalskning

$M = \sum_p m_p$ definieras som den totala registrerade importen av alla känsliga varor till Sverige.

Andelen för vara p av den svenska importen, som betecknas med s_p, följer därmed av:

$$s_p = \frac{m_p}{M}, \text{ such that } \sum_p s_p = 1$$

Faktorn för varumärkesförfalskning för produktkategori p, som betecknas med C_p, fastställs därefter enligt följande:

$$C_p = \frac{\gamma_p}{s_p}$$

Faktorn för varumärkesförfalskning återspeglar känsligheten för produktintrång i en viss produktkategori i förhållande till dess andel av svensk import. Dessa utgör grunden för att fastställa GTRIC-p.

Steg 3: Fastställa GTRIC-p

GTRIC-p konstrueras genom en omvandling av faktorn för varumärkesförfalskning. GTRIC-p mäter den relativa sannolikheten för att olika typer av produktkategorier i den svenska importen är föremål för varumärkesförfalskning och piratkopiering. Omvandlingen av faktorn för varumärkesförfalskning baseras på två huvudantaganden:

1. Det första, A1, är att faktorn för varumärkesförfalskning för en viss produktkategori är positivt korrelerad med den faktiska graden av handel med varumärkesförfalskade och piratkopierade varor som omfattas av det aktuella kapitlet. Faktorerna för varumärkesförfalskning måste således återspegla den verkliga intensiteten för den faktiska handeln med varumärkesförfalskade varor i de givna produktkategorierna.

2. Det andra, A2, tillstår att antagande A1 kanske inte är helt korrekt. Som exempel kan det faktum att varor som innebär intrång upptäcks oftare i vissa kategorier tyda på skillnader i faktorerna för varumärkesförfalskning för produkterna, men också bara återspegla att vissa varor är lättare att upptäcka än andra eller att vissa varor av någon anledning har varit ett större mål för inspektion. Faktorerna för varumärkesförfalskning för produktkategorier med lägre faktorer för varumärkesförfalskning, kan därför leda till att man underskattar de faktiska varumärkesförfalsknings- och piratkopieringsintensiteterna i dessa fall.

I enlighet med antagande A1 (positiv korrelation mellan faktorer för varumärkesförfalskning och faktiska intrångsaktiviteter) och antagande A2 (lägre faktorer för varumärkesförfalskning kan leda till att man underskattar de faktiska aktiviteterna), fastställs GTRIC-p genom att tillämpa en positiv monoton omvandling av indexet för faktorer för varumärkesförfalskning med hjälp av naturliga logaritmer. Denna standardteknik för linjärisering av ett icke-linjärt samband (när det gäller den här studien, mellan faktorer för varumärkesförfalskning och faktiska intrångsaktiviteter) medger att indexet kan planas ut och ger en högre relativ vikt till lägre faktorer för varumärkesförfalskning (Verbeek, 2008).

För att hantera möjligheten till extremvärden i båda ändar av indexet för faktorer för varumärkesförfalskning – det vill säga att vissa kategorier kan avläsas som särskilt mottagliga för intrång trots att de inte är det, medan andra kan avläsas som ej mottagliga trots att de är det – antar man att GTRIC-p följer en vänstertrunkerad normalfördelning där GTRIC-p bara tar värden om noll eller högre.

Den omvandlade faktorn för varumärkesförfalskning definieras som:

$$c_p = \ln(C_p + 1)$$

Under antagandet att den omvandlade faktorn för varumärkesförfalskning kan beskrivas av en vänstertrunkerad normalfördelning med $c_p \geq 0$, ges därefter, enligt Hald (1952), densitetsfunktionen för GTRIC-p av:

$$f_{LTN}(c_p) = \begin{cases} 0 & if\, c_p \leq 0 \\ \dfrac{f(c_p)}{\int_0^\infty f(c_p)\, dc_p} & if\, c_p \geq 0 \end{cases}$$

där $f(c_p)$ är den icke-trunkerade normalfördelningen för c_p, som anges som:

$$f(c_p) = \frac{1}{\sqrt{2\pi\sigma_p^2}} \exp\left(-\frac{1}{2}\left(\frac{c_p - \mu_p}{\sigma_p}\right)^2\right)$$

Medelvärdet och variansen för normalfördelningen, som här betecknas med μ_p och σ_p^2, beräknas för indexet för omvandlade faktorer för varumärkesförfalskning, c_p, och ges av

$\hat{\mu}_p$ och $\hat{\sigma}_p^2$. Detta möjliggör beräkningen av indexet för benägenhet till import av varumärkesförfalskningar (GTRIC-e) för produktkategorier, motsvarande den kumulativa fördelningsfunktionen för c_p.

Konstruktion av GTRIC-e

GTRIC-e konstrueras också i tre steg:

1. Procentsatserna för beslag beräknas för varje ursprungsekonomi.
2. Utifrån dessa fastställs varje ursprungsekonomis faktor för varumärkesförfalskningens källa, baserat på ursprungsekonomiernas betydelse för Sveriges totala import.
3. GTRIC-e fastställs baserat på dessa faktorer.

Steg 1: Mäta beslagsintensiteterna från varje ursprungsekonomi

v_e är Sveriges registrerade beslag av alla typer av varor som innebär intrång (det vill säga alla p) med ursprung från ekonomi e under ett visst år efter värde.

γ_e är Sveriges relativa beslagsfrekvens (beslag i procent) för alla varor som innebär intrång och som härstammar från ekonomi e under ett givet år:

$$\gamma_e = \frac{v_e}{\sum_e v_e}, \text{ such that } \sum_e \gamma_e = 1$$

Steg 2: Mäta ekonomispecifika faktorer för varumärkesförfalskning

m_e definieras som den totala registrerade svenska importen av alla känsliga produkter från e och $M = \sum_e m_e$ är den totala svenska importen av känsliga varor från alla ursprungsekonomier.

Andelen import från ursprungsekonomi e av den totala svenska importen av känsliga varor, som betecknas med s_e, framgår av:

$$s_e = \frac{m_e}{M}, \text{ such that } \sum_e s_e = 1$$

Från detta fastställs den ekonomispecifika faktorn för varumärkesförfalskning genom att dela den allmänna beslagsfrekvensen för ekonomi e med andelen av den totala importen av känsliga varor från e.

$$C_e = \frac{\gamma_e}{s_e}$$

Steg 3: Fastställa GTRIC-e

Mätningen av omfattningen för varumärkesförfalskning och piratkopiering ur ett ursprungsekonomiperspektiv kan genomföras på ett sätt som liknar det för känsliga varor. På samma sätt upprättas ett allmänt handelsrelaterat index för varumärkesförfalskning för ekonomier (GTRIC-e) utifrån liknande linjer och antaganden:

1. Det första antagandet, A3, är att frekvensen med vilken någon varumärkesförfalskad eller piratkopierad artikel från en särskild ekonomi upptäcks och beslagtas av tullen, är positivt korrelerad med den faktiska mängden varumärkesförfalskade och piratkopierade artiklar som importeras från den platsen.

2. Det andra antagandet, A4, tillstår att antagande A3 kanske inte är helt korrekt. Som exempel kan en hög beslagsintensitet för varumärkesförfalskade eller piratkopierade artiklar från en särskild ursprungsekonomi vara en indikation på att ursprungsekonomin ingår i ett tullprofileringsprogram eller att den är ett särskilt utvalt mål för utredning av tullen. Den roll som ursprungsekonomier med låga beslagsintensiteter spelar beträffande faktiska varumärkesförfalsknings- och piratkopieringsaktiviteter kan därför vara underrepresenterad i indexet och leda till en underskattning av omfattningen för varumärkesförfalskning och piratkopiering.

Som det produktspecifika indexet, fastställs även GTRIC-e genom att tillämpa en positiv monoton omvandling av indexet för faktorer för varumärkesförfalskning för ursprungsekonomier med hjälp av naturliga logaritmer. Detta följer av antagande A3 (positiv korrelation mellan beslagsintensiteter och faktiska intrångsaktiviteter) och antagande A4 (lägre intensiteter tenderar att leta till underskattning av faktiska aktiviteter). Med hänsyn till möjligheterna till extremvärden i båda ändar av GTRIC-e-fördelningen – det vill säga att vissa ekonomier kan avläsas felaktigt som särskilt mottagliga källor för varumärkesförfalsknings- och piratkopieringsimport, och vice versa – approximeras GTRIC-e med en vänstertrunkerad normalfördelning eftersom det inte kan ta värden under noll.

Den omvandlade allmänna faktorn för varumärkesförfalskning för ursprungsekonomier som GTRIC-e baseras på, fås därmed genom att tillämpa logaritmer på ekonomispecifika allmänna faktorer för varumärkesförfalskning (Verbeek, 2008):

$$c_e = \ln(C_e + 1)$$

Dessutom antar man, i enlighet med GTRIC-p, att GTRIC-e följer en trunkerad normalfördelning där $c_e \geq 0$ för alla e. Enligt Hald (1952) ges densitetsfunktionen för den vänstertrunkerade normalfördelningen för c_e av:

$$g_{LTN}(c_p) = \begin{cases} 0 & if\,cf_e \leq 0 \\ \dfrac{g(e)}{\int_0^\infty g(c_e)\,dc_e} & if\,cf_e \geq 0 \end{cases}$$

där $g(c_e)$ är den icke-trunkerade normalfördelningen för c_e, som anges som:

$$g(c_e) = \frac{1}{\sqrt{2\pi\sigma_e^2}} \exp\left(-\frac{1}{2}\left(\frac{c_e - \mu_e}{\sigma_e}\right)^2\right)$$

Medelvärdet och variansen för normalfördelningen, som här betecknas med μ_e och σ_e^2, beräknas för indexet för omvandlade faktorer för varumärkesförfalskning, c_e, och ges av $\hat{\mu}_e$ och $\hat{\sigma}_e^2$. Detta möjliggör beräkning av indexet för benägenheten till import av varumärkesförfalskningar (GTRIC-e) för ursprungsekonomier, motsvarande den kumulativa fördelningsfunktionen för c_e.

Konstruktion av GTRIC

Det kombinerade indexet av GTRIC-e och GTRIC-p, som betecknas GTRIC, är ett index som approximerar den relativa benägenheten för vissa produkttyper som importeras av Sverige från specifika handelspartner att vara varumärkesförfalskade eller piratkopierade.

Steg 1: Fastställa intensiteter för produkter och ursprungsekonomier

I detta steg kommer benägenheten för innehåll av varumärkesförfalskade och piratkopierade produkter att fastställas för varje handelsflöde från en given ursprungsekonomi och i en given produktkategori.

Den allmänna benägenheten för produktkategori p att drabbas av intrång, från någon ekonomi, betecknas med P_p och ges av GTRIC-p så att:

$$P_p = F_{LTN}(c_p)$$

där $F_{LTN}(c_p)$ är den kumulativa sannolikhetsfunktionen av $f_{LTN}(c_p)$.

Den allmänna benägenheten för varor av något slag som innebär intrång från ekonomi e betecknas vidare med P_e och framgår av GTRIC-e, så att:

$$P_e = G_{LTN}(c_e)$$

där $G_{LTN}(c_e)$ är den kumulativa sannolikhetsfunktionen av $g_{LTN}(c_e)$.

De allmänna sannolikheten för att objekt av typ p med ursprung i ekonomi e kommer att vara varumärkesförfalskade eller piratkopierade, betecknas sedan med P_{ep} och approximeras genom:

$$P_{ep} = P_p P_e$$

Därav följer $P_{ep} \in [\varepsilon_p \varepsilon_e \,; 1]$ och $\forall e, p$ med $\varepsilon_p \varepsilon_e$ som betecknar det minsta genomsnittliga exporttalet för varumärkesförfalskade varor för varje känslig produktkategori och varje ursprungsekonomi. Man antar att $\varepsilon_e = \varepsilon_p = 0.05$.

Steg 2: Beräkna absolutvärdet

α är fixpunkten, det vill säga det högsta genomsnittliga förfalskningstalet för en given typ av vara som innebär intrång p med ursprung i en viss ekonomi e. α kan därför appliceras på sannolikheten för att varor av typ p från handelspartner e kommer att vara drabbade av intrång (αP^{jk}).

Detta resulterar i en matris över benägenheten för varumärkesförfalskning C.

$$C = \begin{pmatrix} \alpha P_{11} & \alpha P_{12} & & & \alpha P_{1P} \\ \alpha P_{21} & \ddots & & & \\ & & \alpha P_{ep} & & \\ & & & \ddots & \\ \alpha P_{E1} & & & & \alpha P_{EP} \end{pmatrix} \text{ med dimension } E \times P$$

Matrisen över den svenska importen betecknas med M. Tillämpning av C på M ger den absoluta volymen för varumärkesförfalskad och piratkopierad import i Sverige. I synnerhet försäljningsmatrisen M ges av:

$$M = \begin{pmatrix} m_{11} & m_{12} & & & m_{1P} \\ m_{21} & \ddots & & & \\ & & m_{ep} & & \\ & & & \ddots & \\ m_{E1} & & & & m_{EP} \end{pmatrix} \text{ med dimension } E \times P$$

Här betecknar element m_{ep} den svenska importen av produktkategori p från partner e där $e = [1, ..., E]$ och $p = [1, ..., P]$.

Procentandelen för varumärkesförfalskad och piratkopierad import för produkt per ekonomi betecknas med Ψ och kan fastställas enligt följande:

$$\Psi = C'M \div M$$

Värdet för den totala importen av varumärkesförfalskade och piratkopierade varor, som betecknas med skalären TC, fås därefter genom följande:

$$TC = I_1' \Psi I_2$$

där I_1 är en identitetsmatris med dimension $E \times 1$ och I_2 är en identitetsmatris med dimension $P \times 1$.

Genom att beteckna den totala världshandeln med skalären $TM = I_1 M' I_2$, kan andelen import av varumärkesförfalskade och piratkopierade produkter av den totala svenska importen, S_{TC}, bestämmas med:

$$S_{TC} = \frac{TC}{TM}$$

Konstruktion av GTRIC för produkter som gör intrång i svenska immateriella rättigheter

Konstruktion av svenskt GTRIC-p

Svenska GTRIC-p konstrueras i tre steg:

- Procentsatserna för beslag av känsliga varor tas fram för varje produktkategori.
- Utifrån dessa fastställs en faktor för varumärkesförfalskningens källa för varje industri baserat på industriernas betydelse för den totala handeln.
- GTRIC-p fastställs baserat på dessa faktorer.

Steg 1: Mäta produktbeslagsfrekvenser

w_q är det beslagtagna värdet för produkttyp q som gör intrång i svenska invånares immateriella rättigheter från *någon* ursprungsekonomi under ett givet år. Den relativa beslagsfrekvensen (procentsatser för beslag) av vara q, som betecknas nedan med η_q, definieras då med:

$$\eta_q = \frac{w_q}{\sum_q w_q}, \text{ such that } \sum_q \eta_q = 1$$

Steg 2: Mäta produktspecifika faktorer för varumärkesförfalskning

e_q är det globala försäljningsvärdet (export plus inhemsk försäljning) av alla svenska märkesvaror av typ q, så att $E = \sum_q e_q$ definieras som svenska tillverkningsindustriers globala registrerade försäljning av *alla* känsliga varor.

Andelen för vara q av den svenska totala försäljningen, som betecknas med ς_q, framgår av:

$$\varsigma_q = \frac{e_q}{E}, \text{ such that } \sum_q \varsigma_q = 1$$

Faktorn för varumärkesförfalskning för produktkategori q, som betecknas med C_q, bestäms sedan enligt följande:

$$C_q = \frac{\eta_q}{\varsigma_q}$$

Faktorn för varumärkesförfalskning återspeglar sannolikheten för att svenska varumärken och patent i en viss produktkategori ska drabbas av intrång, i förhållande till sin andel av den svenska globala försäljningen. Dessa utgör grunden för att fastställa GTRIC-p.

Steg 3: Fastställa svenska GTRIC-p

GTRIC-p konstrueras från en omvandling av faktorn för varumärkesförfalskning. GTRIC-p mäter den relativa benägenheten för att svenska varumärken och patent i olika typer av produktkategorier ska bli föremål för varumärkesförfalskning och piratkopiering. Omvandlingen av faktorn för varumärkesförfalskning baseras på två huvudantaganden som beskrivs i OECD/EUIPO (2016):

1. Det första, A5, är att faktorn för varumärkesförfalskning för varor som gör intrång i svenska immateriella rättigheter för en viss produktkategori är positivt korrelerad med den faktiska graden av handel med varumärkesförfalskade och piratkopierade varor som omfattas av det kapitlet. Faktorerna för varumärkesförfalskning måste således återspegla den verkliga intensiteten för den faktiska handeln med varumärkesförfalskningar för produkter som gör intrång i svenska immateriella rättigheter i de givna produktkategorierna.

2. Den andra, A6, tillstår att antagande A5 kanske inte är helt korrekt. Som exempel kan det faktum att svenska varor som innebär intrång i immateriella rättigheter upptäcks oftare i vissa kategorier, antyda att skillnader i faktorer för varumärkesförfalskning för olika produkter bara återspeglar att vissa varor som innebär intrång i svenska immateriella rättigheter är lättare att upptäcka än andra eller att vissa av dessa varor av någon anledning har varit ett större mål för tullarna runt om i världen. Faktorerna för varumärkesförfalskning för produktkategorier med lägre faktorer för varumärkesförfalskning, kan därför leda till att man underskattar de faktiska varumärkesförfalsknings- och piratkopieringsintensiteterna i dessa fall.

I enlighet med antagandena A5 och A6, fastställs GTRIC-p för produkter som gör intrång i svenska immateriella rättigheter och som det bedrivs handel med över hela världen, genom att tillämpa en positiv monoton omvandling av indexet för faktorer för varumärkesförfalskning med hjälp av naturliga logaritmer. Denna standardteknik för linjärisering av ett icke-linjärt samband – när det gäller den här studien, mellan faktorer för varumärkesförfalskning och faktiska intrångsaktiviteter – medger att indexet kan planas ut och ger en högre relativ vikt till lägre faktorer för varumärkesförfalskning (Verbeek, 2008).

För att dessutom kunna hantera möjligheten till extremvärden i båda ändar av indexet för faktorer för varumärkesförfalskning – det vill säga att vissa kategorier kan avläsas som särskilt mottagliga för intrång trots att de inte är det, medan andra kan avläsas som ej mottagliga trots att de är det – antar man att GTRIC-p följer en vänstertrunkerad normalfördelning där GTRIC-p bara tar värden om noll eller högre.

Den omvandlade faktorn för varumärkesförfalskning definieras som:

$$c_q = \ln(C_q + 1)$$

Om vi antar att den omvandlade faktorn för varumärkesförfalskning kan beskrivas av en vänstertrunkerad normalfördelning där $c_k \geq 0$, får vi därefter, enligt Hald (1952), densitetsfunktionen för GTRIC-p genom:

$$h_{LTN}(c_q) = \begin{cases} 0 & if c_q \leq 0 \\ \dfrac{h(c_q)}{\int_0^\infty h(c_q)\, dc_q} & if c_q \geq 0 \end{cases}$$

där $h(c_q)$ är den icke-trunkerade normalfördelningen för c_k, som anges som:

$$h(c_q) = \frac{1}{\sqrt{2\pi\sigma_q^2}} \exp\left(-\frac{1}{2}\left(\frac{c_q - \mu_q}{\sigma_q}\right)^2\right)$$

Medelvärdet och variansen för normalfördelningen, som här betecknas med μ_q och σ_q^2, beräknas för indexet för omvandlade faktorer för varumärkesförfalskning, c_q, och ges av $\hat{\mu}_q$ och $\hat{\sigma}_q^2$. Detta möjliggör beräkning av indexet för benägenheten till varumärkesförfalskning (GTRIC-p) för olika HS-kapitel, motsvarande den kumulativa fördelningsfunktionen för c_q.

Konstruktion av GTRIC-e

GTRIC-e konstrueras också i tre steg:

- Procentsatserna för beslag beräknas för varje ursprungsekonomi.
- Utifrån dessa fastställs varje ursprungsekonomis faktor för varumärkesförfalskningens källa, baserat på ursprungsekonomiernas betydelse för Sveriges totala försäljning.
- GTRIC-e fastställs baserat på dessa faktorer.

Steg 1: Mäta beslagsintensiteter för varje destinationsekonomi

w_d är det registrerade beslagtagna värdet för alla typer av varor som gör intrång i svenska invånares immateriella rättigheter (det vill säga alla q) som har exporterats till destinationsekonomi d från någon ursprungsekonomi under ett givet år. η_d är den relativa beslagsintensiteten (beslag i procent) av alla produkter som gör intrång i svenska varumärken och patent som skickas till land d under ett givet år:

$$\eta_d = \frac{w_d}{\sum_d w_d}, \text{ such that } \sum_d \eta_d = 1$$

Steg 2: Mäta destinationsspecifika faktorer för varumärkesförfalskning

e_d definieras som det globala registrerade försäljningsvärdet för svenska märkesvaror eller patenterade produkter (export plus inhemsk tillverkningsförsäljning) som skickas till d (inklusive Sverige) och $E = \sum_d e_d$ är det globala värdet för svensk försäljning av känsliga varor till alla destinationsekonomier.

Andelen försäljning till destinationsekonomi d av den svenska globala försäljningen av känsliga varor, som betecknas ς_d, ges därefter av:

$$\varsigma_d = \frac{e_d}{E}, \text{ such that } \sum_d \varsigma_d = 1$$

Utifrån detta fastställs den ekonomispecifika faktorn för varumärkesförfalskning genom att dela beslagsintensiteten för ekonomi d med andelen av den totala försäljningen av känsliga varor till d:

$$C_d = \frac{\eta_d}{\varsigma_d}$$

Steg 3: Fastställa GTRIC-e

GTRIC-e konstrueras från en omvandling av faktorn för varumärkesförfalskning. GTRIC-e mäter den relativa sannolikheten för att varumärkesförfalskade produkter som gör intrång i svenska varumärken och patent skickas till en given destinationsekonomi. Omvandlingen av faktorn för varumärkesförfalskning baseras på två huvudantaganden som beskrivs i OECD/EUIPO, (2016):

1. Det första antagandet, A7, är att frekvensen för att någon varumärkesförfalskad svensk märkesvara eller patenterad artikel som skickas till en viss destinationsekonomi upptäcks och beslagtas av tullen, är positivt korrelerad med den faktiska mängden varumärkesförfalskade och piratkopierade svenska produkter som exporteras till den aktuella platsen.

2. Det andra antagandet, A8, tillstår att antagande A7 kanske inte är helt korrekt. Som exempel kan en hög beslagsintensitet för produkter som gör intrång i svenska immateriella rättigheter i en viss destinationsekonomi vara en indikation på att destinationsekonomin genomför ett särskilt tullprofileringsprogram eller att tullen i det lokala området särskilt riktar in sig på dessa produkter. Den roll som vissa destinationsekonomier med låg beslagsintensitet för produkter som gör intrång i svenska immateriella rättigheter spelar beträffande faktiska varumärkesförfalsknings- och piratkopieringsaktiviteter, kan därför vara underrepresenterad i indexet och leda till en underskattning av omfattningen för varumärkesförfalskning och piratkopiering som riktar in sig på svenska varumärken och patent på den aktuella platsen.

I enlighet med antagandena A7 och A8, fastställs GTRIC-e för produkter som gör intrång i svenska immateriella rättigheter, genom att tillämpa en positiv monoton omvandling av indexet för faktorer för varumärkesförfalskning med hjälp av naturliga logaritmer. Denna standardteknik för linjärisering av ett icke-linjärt samband (när det gäller den här studien, mellan faktorer för varumärkesförfalskning och faktiska intrångsaktiviteter) medger att indexet kan planas ut och ger en högre relativ vikt till lägre faktorer för varumärkesförfalskning (Verbeek, 2008).

För att dessutom kunna hantera möjligheten till extremvärden i båda ändar av indexet för faktorer för varumärkesförfalskning – det vill säga att vissa destinationskategorier kan avläsas som särskilt mottagliga för intrång trots att de inte är det, medan andra kan avläsas som ej mottagliga trots att de är det – antar man att GTRIC-e följer en vänstertrunkerad normalfördelning där GTRIC-e bara tar värden om noll eller högre.

Den omvandlade allmänna faktorn för varumärkesförfalskning för destinationsekonomier som GTRIC-e baseras på, fås därmed genom att tillämpa logaritmer på ekonomispecifika allmänna faktorer för varumärkesförfalskning (Verbeek, 2008):

$$c_d = \ln(C_d + 1)$$

Dessutom antar man, i enlighet med GTRIC-p, att GTRIC-e följer en trunkerad normalfördelning där $c_d \geq 0$ för alla d.. Enligt Hald (1952) ges densitetsfunktionen för den vänstertrunkerade normalfördelningen för c_d av:

$$i_{LTN}(c_d) = \begin{cases} 0 & if c_d \leq 0 \\ \dfrac{i(c_d)}{\int_0^\infty i(c_d)\, dc_d} & if c_d \geq 0 \end{cases}$$

där $i(c_d)$ är den icke-trunkerade normalfördelningen för c_d som anges som:

$$i(c_d) = \frac{1}{\sqrt{2\pi\sigma_d^2}} \exp\left(-\frac{1}{2}\left(\frac{c_d - \mu_d}{\sigma_d}\right)^2\right)$$

Medelvärdet och variansen för normalfördelningen, som här betecknas med μ_d och σ_d^2, beräknas för indexet för omvandlade faktorer för varumärkesförfalskning, c_d, och ges av $\hat{\mu}_d$ och $\hat{\sigma}_d^2$. Detta möjliggör beräkningen av indexet för benägenheten till varumärkesförfalskning (GTRIC-e) för destinationsekonomier, motsvarande den kumulativa fördelningsfunktionen för c_d.

Konstruktion av GTRIC

Det kombinerade indexet för GTRIC-e och GTRIC-p, som betecknas som GTRIC, är ett index som approximerar den relativa benägenheten för varor som är associerade med svenska invånares immateriella rättigheter i en given produktkategori och en given destinationsekonomi att vara varumärkesförfalskade eller piratkopierade.

Steg 1: Fastställa benägenhet för produkter och destinationsekonomier

Den allmänna benägenheten för att svenska varumärken och patent ska råka ut för varumärkesförfalskning eller piratkopiering i produktkategori q betecknas med P_q och ges av GTRIC-p, så att:

$$P_q = H_{LTN}(c_q)$$

där $H_{LTN}(c_q)$ är den kumulativa sannolikhetsfunktionen av $h_{LTN}(c_q)$.

Vidare betecknas den allmänna benägenheten för alla svenska varumärken och patent för att råka ut för intrång och skickas till ekonomi d med P_d och ges av GTRIC-e, så att:

$$P_d = I_{LTN}(c_d)$$

där $I_{LTN}(c_d)$ är den kumulativa sannolikhetsfunktionen av $i_{LTN}(c_d)$

Den allmänna benägenheten för att svenska invånares immateriella rättigheter ska bli varumärkesförfalskade eller piratkopierade i en given produktkategori q och skickas till en given destination d från någon ursprungsekonomi betecknas sedan med P_{kd} och approximeras genom:

$$P_{qd} = P_q \times P_d$$

Därav följer $P_{qd} \in [\varepsilon_q \varepsilon_d\,; 1]$ och $\forall k, d$ med $\varepsilon_q \varepsilon_d$ som betecknar den minsta genomsnittliga exporttalet för varumärkesförfalskade varor för varje känslig produktkategori och varje destinationsekonomi. Det antas att $\varepsilon_q = \varepsilon_d = 0.05$.

Steg 2: Beräkna absolutvärdet

β är fixpunkten, det vill säga det högsta genomsnittliga förfalskningstalet för svenska varumärken och patent för en given produkttyp q som skickas till en given handelspartner d. β kan därför tillämpas på benägenheten för att svenskrelaterade immateriella rättigheter av typ q ska utsättas för varumärkesförfalskning och skickas till destinationspartner d ($\beta \times P_{qd}$).

Detta resulterar i en matris över benägenheten för import av varumärkesförfalskade varor Λ.

$$\Lambda = \begin{pmatrix} \beta P_{11} & \beta P_{12} & & & \beta P_{1Q} \\ \beta P_{21} & \ddots & & & \\ & & \beta P_{dq} & & \\ & & & \ddots & \\ \beta P_{D1} & & & & \beta P_{DQ} \end{pmatrix} \text{ med dimension } D \times Q$$

Matrisen över Sveriges globala försäljning betecknas med E. Tillämpning av Λ på E ger den absoluta volymen för handel med varumärkesförfalskningar och piratkopior som gör intrång i svenska invånares immateriella rättigheter. I synnerhet ges försäljningsmatrisen E av:

$$E = \begin{pmatrix} e_{11} & e_{12} & & & e_{1Q} \\ e_{21} & \ddots & & & \\ & & e_{dq} & & \\ & & & \ddots & \\ e_{D1} & & & & e_{DQ} \end{pmatrix} \text{ med dimension } D \times Q$$

Här betecknar elementet e_{dq} den svenska försäljningen av produkter i kategori q till destination d, däribland Sverige, med $d = [1, ..., D]$ och $q = [1, ..., Q]$.

Procentandelen för varumärkesförfalskad och piratkopierad import för produkt per ekonomi betecknas med Z och kan fastställas enligt följande:

$$Z = \Lambda'E \div E$$

Den totala handeln med varumärkesförfalskade och piratkopierade varor som gör intrång i svenska varumärken och patent, som betecknas med skalären TΛ, ges därefter av:

$$T\Lambda = I_1'ZI_2$$

där I_1 är en identitetsmatris med dimension $D \times 1$ och I_2 är en identitetsmatris med dimension $Q \times 1$.

Genom att sedan beteckna den globala svenska försäljningen med skalären $TE = I_1'ZE_2$, fastställer vi andelen varumärkesförfalskade och piratkopierade produkter som gör intrång i svenska invånares immateriella rättigheter i den svenska globala tillverkningsförsäljningen, $\varsigma_{T\Lambda}$, med följande:

$$\varsigma_{T\Lambda} = \frac{T\Lambda}{TE}$$

Referenser

Hald, A. (1952), *Statistical Theory with Engineering Applications*, John Wiley and Sons, New York.

OECD/EUIPO (2016), *Trade in Counterfeit and Pirated Goods: Mapping the Economic Impact*, OECD Publishing, Paris, http://dx.doi.org/10.1787/9789264252653-en.

Verbeek, M. (2000), *A Guide to Modern Econometrics*, Wiley.

Bilaga B. Tabeller och figurer

Tabell B.1. Sannolikheten för att ekonomier är en källa till varumärkesförfalskad och piratkopierad import till Sverige

GTRIC-e, 2014–16

Ursprungsekonomi	2014	2015	2016
Kina (Folkrepubliken)	0,948	0,960	0,798
Egypten	0,000	0,000	0,836
Hongkong (Kina)	0,995	0,996	0,961
Irak	0,000	1,000	0,999
Nigeria	0,000	0,407	0,000
Norge	0,000	0,000	0,448
Singapore	0,692	0,000	0,387
Thailand	0,995	0,997	0,963
Turkiet	0,870	0,896	0,633
Förenade Arabemiraten	0,963	0,973	0,842

Kommentar: Ett högt GTRIC-e-resultat indikerar att en ekonomi är mycket benägen att vara en källa till varumärkesförfalskade produkter som säljs i Sverige, antingen i absoluta tal eller som en del av svensk import.

Tabell B.2. Sannolikheten för att produktkategorier ska påverkas av varumärkesförfalskning och piratkopiering

GTRIC-p, 2014–16

HS-kategori	2014	2015	2016
Parfymer och kosmetika (33)	0,937	0,829	0,844
Lädervaror, handväskor (42)	1,000	1,000	1,000
Dukvaror av trikå (60)	0,830	0,648	0,670
Kläder och tillbehör till kläder, av trikå (61)	0,931	0,816	0,832
Skodon (64)	1,000	0,999	0,999
Varor av sten, gips och cement (68)	0,000	0,000	0,000
Smycken (71)	0,538	0,317	0,339
Maskiner och apparater samt mekaniska redskap (84)	0,354	0,171	0,187
Elektriska maskiner och elektronik (85)	0,901	0,760	0,779
Järnväg (86)	0,000	0,000	0,000
Fordon (87)	0,243	0,101	0,113
Optiska, fotografiska och medicinska apparater (90)	0,485	0,272	0,292
Ur (91)	1,000	1,000	1,000
Leksaker och spel (95)	0,948	0,851	0,865

Kommentar: Ett högt GTRIC-p-resultat signalerar att det rör sig om en produktkategori som är mer benägen att utsättas för varumärkesförfalskning. Den innehåller höga värden för varumärkesförfalskade produkter eller så är en stor andel av den svenska försäljningen i produktkategorin utsatt för varumärkesförfalskning. Siffror inom parentes är koder från det harmoniserade systemet (HS) såsom definierats av Förenta nationernas handelsstatistik (FN:s handelsstatistik, 2017). GTRIC-p-värdena är noll för HS-kategorier som inte visas i den här tabellen.

Tabell B.3. Sannolikheten för att ekonomier importerar varumärkesförfalskade produkter som gör intrång i svenska immateriella rättigheter

GTRIC-e för destinationsekonomier 2014–16

Ursprungsekonomi	2014	2015	2016	Ursprungsekonomi	2014	2015	2016
Afghanistan	0,000	0,000	0,000	Kroatien	0,334	0,365	0,574
Albanien	0,000	0,000	0,000	Kuba	0,000	0,000	0,000
Algeriet	0,000	0,000	0,000	Curaçao	0,000	0,000	0,000
Amerikanska Samoa	0,000	0,000	0,000	Cypern*	0,000	0,000	0,000
Andorra	0,000	0,000	0,000	Tjeckien	0,000	0,000	0,000
Angola	0,000	0,000	0,000	Demokratiska folkrepubliken Korea	0,000	0,000	0,000
Anguilla	0,000	0,000	0,000	Demokratiska republiken Kongo	0,000	0,000	0,000
Antarktis	0,000	0,000	0,000	Danmark	0,271	0,300	0,502
Antigua och Barbuda	0,000	0,000	0,000	Djibouti	0,000	0,000	0,000
Argentina	0,000	0,000	0,000	Dominica	0,000	0,000	0,000
Armenien	0,000	0,000	0,000	Dominikanska republiken	0,000	0,000	0,000
Aruba	0,000	0,000	0,000	Ecuador	0,000	0,000	0,000
Australien	0,000	0,000	0,000	Egypten	0,000	0,000	0,000
Österrike	0,444	0,477	0,682	El Salvador	0,000	0,000	0,000
Azerbajdzjan	0,000	0,000	0,000	Ekvatorialguinea	0,000	0,000	0,000
Bahamas	0,000	0,000	0,000	Eritrea	0,000	0,000	0,000
Bahrain	0,000	0,000	0,000	Estland	0,171	0,193	0,368
Bangladesh	0,000	0,000	0,000	Etiopien	0,000	0,000	0,000
Barbados	0,000	0,000	0,000	Falklandsöarna (Malvinas)	0,000	0,000	0,000
Vitryssland	0,000	0,000	0,000	Färöarna	0,000	0,000	0,000
Belgien	0,165	0,187	0,360	Fiji	0,000	0,000	0,000
Belize	0,000	0,000	0,000	Finland	0,275	0,304	0,507
Benin	0,000	0,000	0,000	F.d. jugoslaviska republiken Makedonien	0,000	0,000	0,000
Bermuda	0,000	0,000	0,000	Frankrike	0,373	0,405	0,614
Bhutan	0,000	0,000	0,000	Franska Polynesien	0,000	0,000	0,000
Bolivia	0,000	0,000	0,000	Franska Syd- och Antarktisterritorierna	0,000	0,000	0,000
Bonaire	0,000	0,000	0,000	Gabon	0,000	0,000	0,000
Bosnien och Hercegovina	0,000	0,000	0,000	Gambia	0,000	0,000	0,000
Botswana	0,000	0,000	0,000	Georgien	0,000	0,000	0,000
Bouvetön	0,000	0,000	0,000	Tyskland	0,329	0,360	0,568
Brasilien	0,000	0,000	0,000	Ghana	0,000	0,000	0,000
Brittiska Jungfruöarna	0,000	0,000	0,000	Gibraltar	0,000	0,000	0,000
Brunei	0,000	0,000	0,000	Grekland	0,000	0,000	0,000
Bulgarien	0,998	0,999	1,000	Grönland	0,000	0,000	0,000
Burkina Faso	0,000	0,000	0,000	Grenada	0,000	0,000	0,000
Burundi	0,000	0,000	0,000	Guam	0,000	0,000	0,000
Kap Verde	0,000	0,000	0,000	Guatemala	0,000	0,000	0,000
Kambodja	0,000	0,000	0,000	Guinea	0,000	0,000	0,000
Kamerun	0,000	0,000	0,000	Guinea-Bissau	0,000	0,000	0,000
Kanada	0,000	0,000	0,000	Guyana	0,000	0,000	0,000
Caymanöarna	0,000	0,000	0,000	Haiti	0,000	0,000	0,000
Centralafrikanska republiken	0,000	0,000	0,000	Heard- och McDonaldöarna	0,000	0,000	0,000
Tchad	0,000	0,000	0,000	Vatikanstaten	0,000	0,000	0,000
Chile	0,000	0,000	0,000	Honduras	0,000	0,000	0,000
Kina (Folkrepubliken)	0,000	0,000	0,000	Hongkong (Kina)	0,000	0,000	0,000
Julön	0,000	0,000	0,000	Ungern	0,993	0,994	0,999
Kokosöarna (Keelingöarna)	0,000	0,000	0,000	Island	0,000	0,000	0,000

Ursprungsekonomi	2014	2015	2016	Ursprungsekonomi	2014	2015	2016
Colombia	0,000	0,000	0,000	Indien	0,000	0,000	0,000
Komorerna	0,000	0,000	0,000	Indonesien	0,000	0,000	0,000
Kongo	0,000	0,000	0,000	Iran	0,000	0,000	0,000
Cooköarna	0,000	0,000	0,000	Irak	0,000	0,000	0,000
Costa Rica	0,000	0,000	0,000	Irland	0,110	0,127	0,270
Elfenbenskusten	0,000	0,000	0,000	Israel	0,000	0,000	0,000
Italien	0,209	0,234	0,422	Panama	0,000	0,000	0,000
Jamaica	0,000	0,000	0,000	Papua Nya Guinea	0,000	0,000	0,000
Japan	0,000	0,000	0,000	Paraguay	0,000	0,000	0,000
Jordanien	0,000	0,000	0,000	Peru	0,000	0,000	0,000
Kazakstan	0,000	0,000	0,000	Filippinerna	0,000	0,000	0,000
Kenya	0,000	0,000	0,000	Pitcairn	0,000	0,000	0,000
Kiribati	0,000	0,000	0,000	Polen	0,209	0,234	0,423
Korea	0,000	0,000	0,000	Portugal	0,181	0,204	0,382
Kuwait	0,000	0,000	0,000	Qatar	0,000	0,000	0,000
Kirgizistan	0,000	0,000	0,000	Rumänien	0,843	0,862	0,948
Demokratiska folkrepubliken Laos	0,000	0,000	0,000	Ryssland	0,000	0,000	0,000
Lettland	0,062	0,073	0,178	Rwanda	0,000	0,000	0,000
Libanon	0,000	0,000	0,000	Saint-Barthélemy	0,000	0,000	0,000
Lesotho	0,000	0,000	0,000	Saint Helena	0,000	0,000	0,000
Liberia	0,000	0,000	0,000	Saint Kitts och Nevis	0,000	0,000	0,000
Libyen	0,000	0,000	0,000	Saint Lucia	0,000	0,000	0,000
Litauen	0,157	0,178	0,347	Saint Pierre och Miquelon	0,000	0,000	0,000
Luxemburg	0,000	0,000	0,000	Saint Vincent och Grenadinerna	0,000	0,000	0,000
Macau (Kina)	0,000	0,000	0,000	Samoa	0,000	0,000	0,000
Madagaskar	0,000	0,000	0,000	San Marino	0,000	0,000	0,000
Malawi	0,000	0,000	0,000	São Tomé och Príncipe	0,000	0,000	0,000
Malaysia	0,000	0,000	0,000	Saudiarabien	0,000	0,000	0,000
Maldiverna	0,000	0,000	0,000	Senegal	0,000	0,000	0,000
Mali	0,000	0,000	0,000	Serbien	0,000	0,000	0,000
Malta	0,882	0,897	0,964	Seychellerna	0,000	0,000	0,000
Marshallöarna	0,000	0,000	0,000	Sierra Leone	0,000	0,000	0,000
Mauretanien	0,000	0,000	0,000	Singapore	0,000	0,000	0,000
Mauritius	0,000	0,000	0,000	Sint Maarten	0,000	0,000	0,000
Mexiko	0,000	0,000	0,000	Slovakien	0,458	0,492	0,695
Mikronesien	0,000	0,000	0,000	Slovenien	0,102	0,118	0,256
Moldavien	0,000	0,000	0,000	Salomonöarna	0,000	0,000	0,000
Mongoliet	0,000	0,000	0,000	Somalia	0,000	0,000	0,000
Montenegro	0,000	0,000	0,000	Sydafrika	0,000	0,000	0,000
Montserrat	0,000	0,000	0,000	Sydsudan	0,000	0,000	0,000
Marocko	0,000	0,000	0,000	Spanien	0,330	0,361	0,569
Moçambique	0,000	0,000	0,000	Sri Lanka	0,000	0,000	0,000
Myanmar	0,000	0,000	0,000	Sudan	0,000	0,000	0,000
Namibia	0,000	0,000	0,000	Surinam	0,000	0,000	0,000
Nauru	0,000	0,000	0,000	Swaziland	0,000	0,000	0,000
Nepal	0,000	0,000	0,000	Schweiz	0,000	0,000	0,000
Nederländerna	0,778	0,802	0,916	Syrien	0,000	0,000	0,000
Nya Kaledonien	0,000	0,000	0,000	Tadzjikistan	0,000	0,000	0,000
Nya Zeeland	0,000	0,000	0,000	Tanzania	0,000	0,000	0,000
Nicaragua	0,000	0,000	0,000	Thailand	0,000	0,000	0,000
Niger	0,000	0,000	0,000	Östtimor	0,000	0,000	0,000
Nigeria	0,000	0,000	0,000	Togo	0,000	0,000	0,000
Niue	0,000	0,000	0,000	Tokelau	0,000	0,000	0,000

	2014	2015	2016		2014	2015	2016
Nordmarianerna	0,000	0,000	0,000	Tonga	0,000	0,000	0,000
Norge	0,091	0,106	0,236	Trinidad och Tobago	0,000	0,000	0,000
Oman	0,000	0,000	0,000	Tunisien	0,000	0,000	0,000
Pakistan	0,000	0,000	0,000	Turkiet	0,000	0,000	0,000
Palau	0,000	0,000	0,000	Turkmenistan	0,000	0,000	0,000
Palestinska myndigheten*	0,000	0,000	0,000	Turks- och Caicosöarna	0,000	0,000	0,000
Ursprungsekonomi	2014	2015	2016	Ursprungsekonomi	2014	2015	2016
Tuvalu	0,000	0,000	0,000	Vanuatu	0,000	0,000	0,000
Uganda	0,000	0,000	0,000	Venezuela	0,000	0,000	0,000
Ukraina	0,000	0,000	0,000	Vietnam	0,000	0,000	0,000
Förenade Arabemiraten	0,000	0,000	0,000	Wallis- och Futunaöarna	0,000	0,000	0,000
Storbritannien	0,350	0,381	0,590	Västsahara	0,000	0,000	0,000
USA	0,000	0,000	0,000	Jemen	0,000	0,000	0,000
Förenta staternas mindre öar i Oceanien och Västindien	0,000	0,000	0,000	Zambia	0,000	0,000	0,000
Uruguay	0,000	0,000	0,000	Zimbabwe	0,000	0,000	0,000
Uzbekistan	0,000	0,000	0,000				

Kommentar: Ett högt GTRIC-e-resultat indikerar att en ekonomi är mycket benägen att vara destinationsmarknad för varumärkesförfalskade produkter som gör intrång i svenska varumärken och patent, antingen i absoluta tal eller som en andel av svensk försäljning.
De statistiska uppgifterna för Israel tillhandahålls av, och under ansvar av, relevanta israeliska myndigheter. OECD:s användning av sådana uppgifter påverkar inte statusen för Golanhöjderna, östra Jerusalem och israeliska bosättningar på Västbanken enligt villkoren i internationell lag.
Kommentar från Turkiet: Informationen i detta dokument med hänvisning till "Cypern" avser den södra delen av ön. Det finns ingen myndighet som företräder både det turkiska och det grekcypriotiska folket på ön. Turkiet har erkänt Turkiska republiken Norra Cypern. Tills en varaktig och rättvis lösning har hittats inom ramarna för FN, bevarar Turkiet sin ståndpunkt i "Cypernfrågan".
Kommentar från alla Europeiska unionens medlemsstater i OECD och Europeiska unionen: Republiken Cypern har erkänts av alla FN:s medlemmar med undantag av Turkiet. Informationen i detta dokument avser området under faktisk kontroll av Republiken Cyperns regering.

Tabell B.4. Sannolikhet för att produktkategorier kommer att drabbas av intrång i svenska immateriella rättigheter

GTRIC-p för varor som gör intrång i svenska immateriella rättigheter 2014–16

HS-kategori	2014	2015	2016
Lädervaror; handväskor (42)	0,556	0,786	0,715
Dukvaror av trikå (60)	0,219	0,451	0,363
Kläder och tillbehör till kläder, av trikå (61)	0,836	0,949	0,920
Skodon (64)	0,138	0,332	0,254
Smycken (71)	0,148	0,348	0,269
Maskiner och apparater samt mekaniska redskap (84)	0,425	0,679	0,594
Elektriska maskiner och elektronik (85)	0,084	0,234	0,171
Fordon (87)	0,469	0,717	0,636
Optiska, fotografiska och medicinska apparater (90)	0,080	0,227	0,165
Ur (91)	0,951	0,989	0,981
Leksaker och spel (95)	0,902	0,974	0,957

Kommentar: Ett högt GTRIC-p-resultat innebär att en viss produktkategori antingen innehåller höga värden för svenska varumärken eller patent som är känsliga för global varumärkesförfalskning och piratkopiering i absoluta tal (till exempel i euro) eller att en stor andel av produktionen av varor associerade med ett svenskt varumärke eller patent, som är registrerat i denna produktkategori, är varumärkesförfalskad eller piratkopierad. Siffror inom parentes är koder från det harmoniserade systemet (HS) såsom definierats av Förenta nationernas handelsstatistik (FN:s handelsstatistik, 2017). Värdena är noll för HS-kategorier som inte visas i den här tabellen.

Tabell B.5. Industrier i enlighet med det harmoniserade systemets (HS) koder

HS-kod	Beskrivning
01	Levande djur
02	Kött och ätbara slaktbiprodukter
03	Fisk samt kräftdjur, blötdjur och andra ryggradslösa vattendjur
04	Mejeriprodukter; fågelägg; naturlig honung; ätbara produkter av animaliskt ursprung, inte nämnda eller inbegripna någon annanstans
05	Produkter av animaliskt ursprung, inte nämnda eller inbegripna någon annanstans
06	Levande träd och andra levande växter; lökar, rötter o.d.; snittblommor och snittgrönt
07	Grönsaker samt vissa rötter och stam- eller rotknölar
08	Ätbar frukt samt ätbara bär och nötter; skal av citrusfrukter eller meloner
09	Kaffe, te, matte och kryddor
10	Spannmål
11	Produkter av kvarnindustrin; malt; stärkelse; inulin; vetegluten
12	Oljeväxtfrön och oljehaltiga frukter; diverse andra frön och frukter; växter för industriellt eller medicinskt bruk; halm och foderväxter
13	Schellack o.d.; naturliga gummiarter och hartser samt andra växtsafter och växtextrakter
14	Vegetabiliska flätningsmaterial; vegetabiliska produkter, inte nämnda eller inbegripna någon annanstans
15	Animaliska och vegetabiliska fetter och oljor samt spaltningsprodukter av sådana fetter och oljor; beredda ätbara fetter; animaliska och vegetabiliska vaxer
16	Beredningar av kött, fisk, kräftdjur, blötdjur eller andra ryggradslösa vattendjur
17	Socker och sockerkonfektyrer
18	Kakao och kakaoberedningar
19	Beredningar av spannmål, mjöl, stärkelse eller mjölk; bakverk
20	Beredningar av grönsaker, frukt, bär, nötter eller andra växtdelar
21	Diverse ätbara beredningar
22	Drycker, sprit och ättika
23	Återstoder och avfall från livsmedelsindustrin; beredda fodermedel
24	Tobak samt varor tillverkade av tobaksersättning
25	Salt; svavel; jord och sten; gips; kalk och cement
26	Malm, slagg och aska
27	Mineraliska bränslen, mineraloljor och destillationsprodukter av dessa; bituminösa ämnen; mineralvaxer
28	Oorganiska kemikalier; organiska och oorganiska föreningar av ädla metaller, av sällsynta jordartsmetaller, av radioaktiva grundämnen och av isotoper
29	Organiska kemikalier
30	Farmaceutiska produkter
31	Gödselmedel
32	Garvämnes- och färgämnesextrakter; garvsyror och garvsyraderivat; pigment och andra färgämnen; lacker och andra målningsfärger; kitt och andra tätnings- och utfyllningsmedel; tryckfärger, bläck och tusch
33	Eteriska oljor och resinoider; parfymerings-, skönhets- och kroppsvårdsmedel
34	Tvål och såpa, organiska ytaktiva ämnen, tvättmedel, smörjmedel, konstgjorda vaxer, beredda vaxer, puts- och skurmedel, ljus och liknande artiklar, modelleringspastor, s.k. dentalvax samt dentalpreparat på basis av gips
35	Proteiner; modifierad stärkelse; lim och klister; enzymer
36	Krut och sprängämnen; pyrotekniska produkter; tändstickor; pyrofora legeringar; vissa brännbara produkter
37	Varor för foto- eller kinobruk
38	Diverse kemiska produkter
39	Plaster och plastvaror
40	Gummi och gummivaror
41	Oberedda hudar och skinn (andra än pälsskinn) samt läder

HS-kod	Beskrivning
42	Lädervaror; sadelmakeriarbeten; reseffekter, handväskor och liknande artiklar; varor av tarmar
43	Pälsskinn och konstgjord päls; varor av dessa material
44	Trä och varor av trä; träkol
45	Kork och varor av kork
46	Varor av halm, esparto eller andra flätningsmaterial; korgmakeriarbeten
47	Massa av ved eller andra fibrösa cellulosahaltiga material; papper eller papp för återvinning (avfall och förbrukade varor)
48	Papper och papp; varor av pappersmassa, papper eller papp
49	Tryckta böcker, tidningar, bilder och andra produkter av den grafiska industrin; handskrifter, maskinskrivna texter samt ritningar
50	Natursilke
51	Ull samt fina eller grova djurhår; garn och vävnader av tagel
52	Bomull
53	Andra vegetabiliska textilfibrer; pappersgarn och vävnader av pappersgarn
54	Konstfilament; remsor o.d. av konstfibrer
55	Konststapelfibrer
56	Vadd, filt och bondad duk; specialgarner; surrningsgarn och tågvirke samt varor av sådana produkter
57	Mattor och annan golvbeläggning av textilmaterial
58	Speciella vävnader; tuftade dukvaror av textilmaterial; spetsar; tapisserier; snörmakeriarbeten; broderier
59	Impregnerade, överdragna, belagda eller laminerade textilvävnader; textilvaror för tekniskt bruk
60	Dukvaror av trikå
61	Kläder och tillbehör till kläder, av trikå
62	Kläder och tillbehör till kläder, av annan textilvara än trikå
63	Andra konfektionerade textilvaror; handarbetssatser; begagnade kläder och andra begagnade textilvaror; lump
64	Skodon, damasker o.d.; delar till sådana artiklar
65	Huvudbonader och delar till huvudbonader
66	Paraplyer, parasoller, promenadkäppar, sittkäppar, piskor och ridspön samt delar till sådana artiklar
67	Bearbetade fjädrar och dun samt varor tillverkade av fjädrar eller dun; konstgjorda blommor; varor av människohår
68	Varor av sten, gips, cement, asbest, glimmer eller liknande material
69	Keramiska produkter
70	Glas och glasvaror
71	Naturpärlor och odlade pärlor, ädelstenar och halvädelstenar, ädla metaller och metaller med plätering av ädel metall samt varor av sådana produkter; oäkta smycken; mynt
72	Järn och stål
73	Varor av järn eller stål
74	Koppar och varor av koppar
75	Nickel och varor av nickel
76	Aluminium och varor av aluminium
77	(Reserverad för eventuell framtida användning i det harmoniserade systemet)
78	Bly och varor av bly
79	Zink och varor av zink
80	Tenn och varor av tenn
81	Andra oädla metaller; kermeter; varor av dessa material
82	Verktyg, redskap, knivar, skedar och gafflar av oädel metall; delar av oädel metall till sådana artiklar
83	Diverse varor av oädel metall
84	Kärnreaktorer, ångpannor, maskiner och apparater samt mekaniska redskap; delar till sådana varor
85	Elektriska maskiner och apparater, elektrisk materiel samt delar till sådana varor; apparater för inspelning eller återgivning av ljud, apparater för inspelning eller återgivning av bilder och ljud för television samt delar och tillbehör till sådana apparater

HS-kod	Beskrivning
86	Lok och annan rullande järnvägs- och spårvägsmateriel samt delar till sådan materiel; stationär järnvägs- och spårvägsmateriel samt delar till sådan materiel; mekanisk (inbegripet elektromekanisk) trafiksignaleringsutrustning av alla slag
87	Fordon, andra än rullande järnvägs- eller spårvägsmateriel, samt delar och tillbehör till fordon
88	Luftfartyg och rymdfarkoster samt delar till sådana
89	Fartyg samt annan flytande materiel
90	Optiska instrument och apparater, foto- och kinoapparater, instrument och apparater för mätning, kontroll eller precision, medicinska och kirurgiska instrument och apparater; delar och tillbehör till sådana artiklar
91	Ur och delar till ur
92	Musikinstrument; delar och tillbehör till musikinstrument
93	Vapen och ammunition; delar och tillbehör till vapen och ammunition
94	Möbler; sängkläder, madrasser, resårbottnar till sängar, kuddar och liknande stoppade inredningsartiklar; belysningsarmatur och andra belysningsartiklar, inte nämnda eller inbegripna någon annanstans; ljusskyltar, namnplåtar med belysning, o.d.; monterade eller monteringsfärdiga byggnader
95	Leksaker, spel och sportartiklar; delar till sådana artiklar
96	Diverse artiklar
97	Konstverk, föremål för samlingar samt antikviteter
98	(Reserverad för speciella användningsområden av fördragsslutande parter).

Tabell B.6. Överensstämmelse mellan HS-kategorier och sektorer

Sektor	HS-kategori
Livsmedel, drycker och tobak	Livsmedel (02–21) Drycker (22) Återstoder och avfall från livsmedelsindustri (23) Tobak (24)
Kemiska och närstående produkter; förutom läkemedel, parfymer och kosmetika	Gödselmedel (31) Diverse kemiska produkter (38) Garvämnes- och färgämnesextrakter (32) Organiska och oorganiska kemikalier (28/29) Tvål och såpa; proteiner; lim; sprängämnen (34–37)
Farmaceutiska och medicinska kemiska produkter	Farmaceutiska produkter (30)
Parfymer och kosmetika	Parfymer och kosmetika (33)
Textilier och andra mellanprodukter (t.ex. plast, gummi, papper och trä)	Konstfilament och konststapelfibrer (54/55) Vadd; tågvirke samt varor av sådana produkter (56) Trä och varor av trä (44) Övrig textil, inte nämnd eller inbegripen någon annanstans (59) Kork; halm och varor av kork eller halm (45/46) Efterbehandling av textilier (58) Massa och papper (47/48) Pälsskinn och konstgjord päls (43) Oberedda hudar, skinn och läder (41) Silke; ull; och andra vegetabiliska textilfibrer (50–53) Plaster och plastvaror (39) Gummi och gummivaror (40)
Kläder, skodon, läder och relaterade varor	Andra konfektionerade textilvaror (63) Kläder och tillbehör, inte trikå (62/65) Kläder och tillbehör till kläder, av trikå (61) Skodon (64)

	Dukvaror av trikå (60)
	Lädervaror; handväskor (42)
Ur och guldsmedsvaror	Smycken (71)
	Ur (91)
Icke-metalliska mineraliska produkter (exempelvis glas och glasprodukter, keramiska produkter)	Keramiska produkter (69)
	Varor av sten, gips och cement (68)
	Glas och glasvaror (70)
Metaller och bearbetade metallprodukter (utom maskiner och utrustning)	Koppar; nickel. aluminium; bly; zink; tenn; och varor av dessa (74–81)
	Verktyg och knivar, skedar och gafflar av oädel metall (82)
	Järn och stål och varor av dessa (72/73)
	Diverse varor av oädel metall (83)
Elektriska hushållsapparater, elektronik- och telekommunikationsutrustning	Elektriska maskiner och elektronik (85)
	Optiska, fotografiska och medicinska apparater (90)
Maskiner, industriell utrustning; datorer och kringutrustning; fartyg och flygplan	Järnväg (86)
	Luftfartyg (88)
	Fartyg (89)
	Maskiner och apparater samt mekaniska redskap (84)
Motorfordon och motorcyklar	Fordon (87)
Hushålls-, kultur- och fritidsartiklar; inklusive leksaker och spel, böcker och musikinstrument	Leksaker och spel (95)
	Tryckta varor (49)
	Musikinstrument (92)
Möbler, belysning, mattor och annan tillverkning, inte nämnd eller inbegripen någon annanstans	Mattor (57)
	Vapen och ammunition (93)
	Möbler (94)
	Diverse artiklar (66/67/96)

Kommentar: Siffror inom parentes är koder från det harmoniserade systemet (HS) såsom definierats av Förenta nationernas handelsstatistik (FN:s handelsstatistik, 2017). "Sektorerna" har skapats för den här studiens ändamål, för att sammanfoga HS-produktkategorier, NACE C (tillverkningsaktiviteter) och NACE G (parti- och butikshandelsaktiviteter) i ett enhetligt analysunderlag.

Tabell B.7. Överensstämmelse mellan NACE C-kategorier och sektorer

Sektor	NACE rev. 2-kod	NACE rev. 2-beskrivning
Livsmedel, drycker och tobak	C1000	Livsmedelsframställning
	C1100	Framställning av drycker
	C1200	Tobaksvarutillverkning
Kemiska och närstående produkter; förutom läkemedel, parfymer och kosmetika	C2011	Industrigasframställning
	C2012	Tillverkning av färgämnen
	C2013	Tillverkning av andra oorganiska baskemikalier
	C2014	Tillverkning av andra organiska baskemikalier
	C2015	Tillverkning av gödselmedel och kväveprodukter
	C2016	Basplastframställning
	C2017	Tillverkning av syntetiskt basgummi
	C2020	Tillverkning av bekämpningsmedel och andra lantbrukskemiska produkter
	C2030	Tillverkning av färg, lack, tryckfärg m.m.
	C2041	Tillverkning av tvål, såpa, tvättmedel och polermedel
	C2051	Sprängämnestillverkning

	C2052	Tillverkning av lim
	C2059	Tillverkning av andra kemiska produkter
Farmaceutiska och medicinska kemiska produkter	C2100	Tillverkning av farmaceutiska basprodukter och läkemedel
Parfymer och kosmetika	C2042	Tillverkning av parfymer och toalettartiklar
	C2053	Tillverkning av eteriska oljor
	C2500	Tillverkning av metallvaror utom maskiner och apparater
Elektriska hushållsapparater, elektronik- och telekommunikationsutrustning	C2610	Tillverkning av elektroniska komponenter och kretskort
	C2630	Tillverkning av kommunikationsutrustning
	C2640	Tillverkning av hemelektronik
	C2651	Tillverkning av instrument och apparater för mätning, provning och navigering
	C2660	Tillverkning av strålningsutrustning samt elektromedicinsk och elektroterapeutisk utrustning
	C2670	Tillverkning av optiska instrument och fotoutrustning
	C2680	Tillverkning av magnetiska och optiska medier
	C2720	Batteri- och ackumulatortillverkning
	C2731	Tillverkning av optiska fiberkablar
	C2732	Tillverkning av andra elektroniska och elektriska ledningar och kablar
	C2733	Tillverkning av kabeltillbehör
	C2740	Tillverkning av belysningsarmatur
	C2790	Tillverkning av annan elapparatur
Maskiner, industriell utrustning; datorer och kringutrustning; fartyg och flygplan	C2620	Tillverkning av datorer och kringutrustning
	C2711	Tillverkning av elmotorer, generatorer och transformatorer
	C2712	Tillverkning av eldistributions- och elkontrollapparater
	C2750	Tillverkning av hushållsmaskiner och hushållsapparater
	C2800	Tillverkning av övriga maskiner
	C3000	Tillverkning av andra transportmedel
Motorfordon och motorcyklar	C2900	Tillverkning av motorfordon, släpfordon och påhängsvagnar
Textilier och andra mellanprodukter (t.ex. plast, gummi, papper och trä)	C1300	Textilvarutillverkning
	C1600	Tillverkning av trä och varor av trä, kork, rotting o.d. utom möbler
	C1700	Pappers- och pappersvarutillverkning
	C1800	Grafisk produktion och reproduktion av inspelningar
	C2060	Konstfibertillverkning
	C2200	Plastvarutillverkning
Kläder, skodon, läder och relaterade varor	C1400	Tillverkning av kläder
	C1500	Tillverkning av läder, läder- och skinnvaror m.m.
Ur och guldsmedsvaror	C2652	Urtillverkning
	C3210	Tillverkning av smycken, guld- och silversmedsvaror samt bijouterier
Metaller och bearbetade metallprodukter (utom maskiner och utrustning)	C2400	Stål- och metallframställning
	C2500	Tillverkning av metallvaror utom maskiner och apparater

Icke-metalliska mineraliska produkter (exempelvis glas och glasprodukter, keramiska produkter)	C2300	Tillverkning av andra icke-metalliska mineraliska produkter
Maskiner, industriell utrustning; datorer och kringutrustning; fartyg och flygplan	C2620	Tillverkning av datorer och kringutrustning
	C2711	Tillverkning av elmotorer, generatorer och transformatorer
	C2712	Tillverkning av eldistributions- och elkontrollapparater
	C2750	Tillverkning av hushållsmaskiner och hushållsapparater
	C2800	Tillverkning av övriga maskiner
	C3000	Tillverkning av andra transportmedel
Hushålls-, kultur- och fritidsartiklar; inklusive leksaker och spel, böcker och musikinstrument	C3220	Tillverkning av musikinstrument
	C3230	Tillverkning av sportartiklar
	C3240	Tillverkning av spel och leksaker
Motorfordon och motorcyklar	C2900	Tillverkning av motorfordon, släpfordon och påhängsvagnar
Möbler, belysning, mattor och annan tillverkning, inte nämnd eller inbegripen någon annanstans	C3100	Tillverkning av möbler
	C3250	Tillverkning av medicinsk och dental utrustning
	C3290	Övrig tillverkning

Kommentar: NACE C är den statistiska näringsgrensindelningen för tillverkningsindustrin i Europeiska gemenskapen. Det är en fyrsiffrig klassificering som utgör ramen för att samla in och presentera ett stort utbud av statistiska uppgifter enligt ekonomisk aktivitet på områdena för ekonomisk statistik (till exempel produktion, sysselsättning och nationalräkenskaper) och på andra statistikområden som har utvecklats inom Europeiska statistiksystemet (ESS). Se http://ec.europa.eu/eurostat/statistics-explained/index.php/Main_Page för mer information. "Sektorerna" har skapats för den här studiens ändamål, för att sammanfoga HS-produktkategorier, NACE C (tillverkningsaktiviteter) och NACE G (parti- och butikshandelsaktiviteter) i ett enhetligt analysunderlag.

Tabell B.8. Överensstämmelse mellan NACE G-kategorier och sektorer

Sektor	NACE-kod	NACE-beskrivning
Livsmedel, drycker och tobak	G4617	Provisionshandel med livsmedel, drycker och tobak
	G4723	Specialiserad butikshandel med fisk, skal- och blötdjur
	G4638	Partihandel med andra livsmedel, bl.a. fisk samt skal- och blötdjur
	G4634	Partihandel med drycker
	G4721	Specialiserad butikshandel med frukt och grönsaker
	G4726	Specialiserad butikshandel med tobaksvaror
	G4632	Partihandel med kött och köttvaror
	G4633	Partihandel med mejeriprodukter, ägg, matolja och matfett
	G4635	Partihandel med tobak
	G4729	Annan specialiserad butikshandel med livsmedel
	G4781	Torg- och marknadshandel med livsmedel, drycker och tobak
	G4631	Partihandel med frukt och grönsaker
	G4636	Partihandel med socker, choklad och sockerkonfektyrer
	G4724	Specialiserad butikshandel med bröd, konditorivaror och konfektyrer
	G4722	Specialiserad butikshandel med kött och charkuterier
	G4637	Partihandel med kaffe, te, kakao och kryddor
	G4639	Icke specialiserad partihandel med livsmedel, drycker och tobak

	G4711	Butikshandel med brett sortiment, mest livsmedel, drycker och tobak
	G4725	Specialiserad butikshandel med alkoholhaltiga och andra drycker
Kemiska och närstående produkter; förutom läkemedel, parfymer och kosmetika	G4675	Partihandel med kemiska produkter
Farmaceutiska och medicinska kemiska produkter	G4646	Partihandel med medicinsk utrustning och apoteksvaror
Parfymer och kosmetika	G4775	Specialiserad butikshandel med kosmetika och hygienartiklar
	G4645	Partihandel med parfym och kosmetika
Textilier och andra mellanprodukter (t.ex. plast, gummi, papper och trä)	G4676	Partihandel med andra insatsvaror
	G4751	Specialiserad butikshandel med textilier
	G4641	Partihandel med textilier
	G4673	Partihandel med virke, andra byggmaterial och sanitetsgods
Kläder, skodon, läder och relaterade varor	G4771	Specialiserad butikshandel med kläder
	G4782	Torg- och marknadshandel med textilier, kläder och skodon
	G4642	Partihandel med kläder och skodon
	G4616	Provisionshandel med textilier, kläder, skodon och lädervaror
	G4773	Apotekshandel
	G4772	Specialiserad butikshandel med skodon och lädervaror
Ur och guldsmedsvaror	G4648	Partihandel med ur och guldsmedsvaror
	G4777	Specialiserad butikshandel med ur, guldsmedsvaror och smycken
Icke-metalliska mineraliska produkter (exempelvis glas och glasprodukter, keramiska produkter)	G4752	Specialiserad butikshandel med bygg-, järn- och VVS-varor samt färger och glas
	G4644	Partihandel med glas och porslin, rengöringsmedel
Metaller och bearbetade metallprodukter (utom maskiner och utrustning)	G4613	Provisionshandel med virke och byggmaterial
	G4672	Partihandel med metaller och metallmalmer
	G4677	Partihandel med avfallsprodukter och skrot
	G4674	Partihandel med järnhandelsvaror och VVS-armatur
Elektriska hushållsapparater, elektronik- och telekommunikationsutrustning	G4743	Specialiserad butikshandel med ljud- och bildanläggningar samt videoutrustning
	G4742	Specialiserad butikshandel med telekommunikationsutrustning
	G4774	Specialiserad butikshandel med sjukvårdsartiklar
	G4754	Specialiserad butikshandel med elektriska hushållsmaskiner och hushållsapparater
	G4652	Partihandel med elektronik- och telekommunikationsutrustning
	G4643	Partihandel med hushållsapparater, samt elartiklar
Maskiner, industriell utrustning; datorer och kringutrustning; fartyg och flygplan	G4614	Provisionshandel med maskiner, industriell utrustning, fartyg och luftfartyg
	G4651	Partihandel med datorer och kringutrustning samt programvara
	G4661	Partihandel med jordbruksmaskiner och -utrustning
	G4663	Partihandel med gruv-, bygg- och anläggningsmaskiner
	G4666	Partihandel med andra kontorsmaskiner och kontorsutrustning
	G4741	Specialiserad butikshandel med datorer, programvara, data- och tv-spel

	G4669	Partihandel med andra maskiner och annan utrustning
	G4662	Partihandel med verktygsmaskiner
	G4664	Partihandel med textil-, sy- och stickmaskiner
Motorfordon och motorcyklar	G4511	Handel med personbilar och lätta motorfordon
	G4540	Handel med och service av motorcyklar inklusive reservdelar och tillbehör
	G4520	Underhåll och reparation av motorfordon utom motorcyklar
	G4532	Butikshandel med reservdelar och tillbehör till motorfordon utom motorcyklar
	G4531	Parti- och provisionshandel med reservdelar och tillbehör till motorfordon utom motorcyklar
	G4519	Handel med andra motorfordon utom motorcyklar
Hushålls-, kultur- och fritidsartiklar; inklusive leksaker och spel, böcker och musikinstrument	G4764	Specialiserad butikshandel med sport- och fritidsartiklar
	G4763	Specialiserad butikshandel med inspelade och oinspelade band och skivor för musik och bild
	G4649	Partihandel med andra hushållsvaror
	G4765	Specialiserad butikshandel med spel och leksaker
	G4761	Specialiserad butikshandel med böcker
	G4762	Specialiserad butikshandel med tidningar och kontorsförbrukningsvaror
Möbler, belysning, mattor och annan tillverkning, inte nämnd eller inbegripen någon annanstans	G4690	Övrig partihandel
	G4665	Partihandel med kontorsmöbler
	G4719	Annan butikshandel med brett sortiment
	G4753	Specialiserad butikshandel med mattor och inredningstextilier
	G4759	Specialiserad butikshandel med möbler, belysnings- och heminredningsartiklar
	G4615	Provisionshandel med möbler, hushålls- och järnhandelsvaror
	G4647	Partihandel med möbler, mattor och belysningsartiklar
	G4778	Annan specialiserad butikshandel med nya varor

Kommentar: NACE är den statistiska näringsgrensindelningen för parti- och butikshandelsindustrier i Europeiska gemenskapen. Det är en fyrsiffrig klassificering som utgör ramen för att samla in och presentera ett stort utbud av statistiska uppgifter enligt ekonomisk aktivitet på områdena för ekonomisk statistik (till exempel produktion, sysselsättning och nationalräkenskaper) och på andra statistikområden som har utvecklats inom Europeiska statistiksystemet (ESS). Se http://ec.europa.eu/eurostat/statistics-explained/index.php/Main_Page för mer information. "Sektorerna" har skapats för den här studiens ändamål, för att sammanfoga HS-produktkategorier, NACE C (tillverkningsaktiviteter) och NACE G (parti- och butikshandelsaktiviteter) i ett enhetligt analysunderlag.

ORGANISATION FOR ECONOMIC CO-OPERATION AND DEVELOPMENT

The OECD is a unique forum where governments work together to address the economic, social and environmental challenges of globalisation. The OECD is also at the forefront of efforts to understand and to help governments respond to new developments and concerns, such as corporate governance, the information economy and the challenges of an ageing population. The Organisation provides a setting where governments can compare policy experiences, seek answers to common problems, identify good practice and work to co-ordinate domestic and international policies.

The OECD member countries are: Australia, Austria, Belgium, Canada, Chile, the Czech Republic, Denmark, Estonia, Finland, France, Germany, Greece, Hungary, Iceland, Ireland, Israel, Italy, Japan, Korea, Latvia, Lithuania, Luxembourg, Mexico, the Netherlands, New Zealand, Norway, Poland, Portugal, the Slovak Republic, Slovenia, Spain, Sweden, Switzerland, Turkey, the United Kingdom and the United States. The European Union takes part in the work of the OECD.

OECD Publishing disseminates widely the results of the Organisation's statistics gathering and research on economic, social and environmental issues, as well as the conventions, guidelines and standards agreed by its members.

www.ingramcontent.com/pod-product-compliance
Lightning Source LLC
LaVergne TN
LVHW061947070526
838199LV00060B/4016